会計士の誕生

プロフェッションとは何か

The Birth of Accountants

慶應義塾大学教授
友岡 賛

税務経理協会

目次

第五章　巨大会計士事務所の誕生……135

凡　例

・引用等における圏点の類いによる強調はすべて筆者（友岡）による。

・会計士事務所などの名称は原則として〈　〉書きで表記する。

・会計士事務所名などにおける「、」と「・」のつかい分けはもとの英語表記に忠実におこなう。

すなわち、たとえば「Deloitte」、「Haskins」、「Peat」、「Marwick」はどれも姓、だが、「Deoitte Haskins」は「デロイト・ハスキンズ」と表記し、「Peat, Marwick」は「ピート、マーウィック」と表記する。

・会計士団体の名称は《　》書きで表記する。

・表における数値は原則として小数第一位を四捨五入する。

まえがき

本書に扱われているのは会計プロフェッションの生々発展、要するに、会計プロフェッションの歴史、である。

会計プロフェッションとは何か、あるいはまた、そもそもプロフェッションとは何か、といったことはとりあえずさて措くとして、具体的に今日の日本についていえば、会計プロフェッションとは「公認会計士」と呼ばれる職のことで、これは単に「会計士」と呼ばれることも多い。

というわけで、本書に扱われているのは要するに、会計士の歴史、である。

なお、会計プロフェッションはスコットランドを祖国とし、そうした会計プロフェッションを扱う本書はしたがって、そのほとんどがイギリス（スコットランド等をふくむいわゆるイギリス）について述べている。

第一章が、会計プロフェッションとは何か、について述べ、第二章の前半が、会計プロフェッションの生成、について述べたのち、第二章の後半～第四章は、会計士の仕事、について、その変遷を述べ、つづく第五章は、会計士事務所の発展、について、特に（かつては「ビッグ・エイト」）今日では「ビッグ・フォー」と総称される巨大会計士事務所の誕生にいたるプロセスを述べている。

第六章～第七章はいわば社会学的な観点から述べている。「プロフェッション論」と呼ばれる分野を有する社会学は「ステイタス」という概念を要《かなめ》にさまざまなプロフェッションを論ずるが、この第六章～第七章もまた、主として、ステイタスの追求、という視点をもって会計プロフェッションの変遷を扱っている。

そうした本書はただし、学術書としてではなく、一般向けの教養書としてまとめられている＊。

二〇〇九年一一月一〇日、三田山上にて

友岡　賛

＊　内容の多くは既刊の学術書と重複する本書はしかし、平易を旨として改められている。

本書の刊行については税務経理協会の大坪克行さんと峯村英治さんにお世話になりました。心から感謝します。

また、カヴァーの著者近影については飯高智子さんにお世話になりました。いつもどうもです。

会計士の誕生

――プロフェッションとは何か

第一章

会計士とは何か

スクルージ？

ジャーナリストのマイク・ブルースターが著わした*Unaccountable*（二〇〇三年）（邦題は『会計破綻』）は二一世紀初頭のアメリカで起きた大規模な会計不正事件（いわゆるエンロン事件＊1）と、これに関与した会計プロフェッションが瞬く間に信用を失墜した有様をヴィヴィッドに描き、また、会計プロフェッションが背信行為に手を染めるにいたるまでを歴史的な背景から説き起こして説得的に描いている好著＊2だが、世界有数の会計士事務所〈KPMG〉で広報を担当した経験をもつ著者のブルースターはこの書を次のような回想からはじめている。

一九九三年の春、コロンビア大学大学院のジャーナリズム学科を出たばかりのわたしは『ニューヨーク・タイムズ』に掲載された二〇社から三〇社ほどの企業広報担当募集の求人広告にかたっぱしから応募した。数日後、ビル・サンドと名乗る男から伝言が届いた。「**ピート・マーウィック**のためにものを書く仕事のことで電話した」ということだった。「ピート」という男のしがない使い走りに違いないビルが自分やピートが働いている会社の名前すらいわないことに苛立ったわたしは、折り返し電話を掛け、当たり障りのない伝言を残した。すると、その日のうちにビルがまた電話をしてきて、ピート・マーウィックとは何か、そして、「**ビッグ・シックス**」と呼ばれる会計士事務所の世界とはどういうものか、について詳しく教えてくれた。その世界におけるこの事務所の位置づけがなかなか飲み込めないわたしに、ビルは効果的な言葉で説明してくれた。それは、その後、ピート・マーウィックを知らない人にそれを説明するばあいに、わたし自身もよく利用するようになった説

＊1　アメリカの企業の売上高ランキングでトップ・テンに入るほどの大企業だったエンロン社がしかし、巨額の負債を抱えて破綻した事件。
この事件は不正な取引と会計上の不正（粉飾）をともない、エンロン社の監査人を務めていた巨大会計士事務所〈アーサー・アンダーセン〉はこの不正に関与していたことが発覚したため、やがて解散に追い込まれた。

＊2　ちなみに、訳書『会計破綻――会計プロフェッションの背信』は『週刊ダイヤモンド』（二〇〇四年）の「学者・エコノミストが選んだ二〇〇四年『経済書』ベスト三〇」で第九位となり、会計書としては珍しくトップ・テン入りしている。なお、この書のほかにランキング入りしている会計書は一冊（第二二位）だけ。

明、つまり「**プライス・ウォーターハウス**のようなものだ」というものだった＊3。

ビルの言葉のなかでいまも心に残っているものがもうひとつある。「会計士のことはあまり知らないだろうが、信じる信じないはともかく、優秀な会計士というものは、これまで君がみたこともないほど頭がよく、しかも勤勉な人種なんだ」というものだ。当時のわたしはビルの想像以上に会計士には無知で、会計士について思い浮かぶのは次のみっつだけだった。①字がうまい、②**エベネザー・スクルージ**、そして③*Leave It to Beaver* のワード・クリーヴァー（厳密には、ワードは保険数理士だったかもしれないが）。

②のエベネザー・スクルージ（Ebenezer Scrooge）はチャールズ・ディケンズの小説『クリスマス・キャロル』の主人公で、守銭奴、として知られ、そのため、「Scrooge」（「scrooge」）は固有名詞（人名）であるばかりか、守銭奴、吝嗇《りんしょく》な人、を意味する普通名詞にもなっている。また、③の *Leave It to Beaver* は一九五〇年代ないし一九六〇年代に放送された人気ドラマで、ワード・クリーヴァーはこのドラマの主人公ビーヴァー（七歳の少年）の父親だが、おそらくは、悪戯な子供を諭す実直そうな父親、といったところだろう。

というわけで、かつて会計士には、字がうまくてケチで実直そう、といったイメージがあった。

一九九三年当時のブルースター（そして、たぶん、多くのひとびと）が会計士にたいして抱いていたこの①、②、③のようなイメージはしかしながら、*Unaccountable* によれば、二一世紀初頭に起きた会計不正事件によって「少々違ったものになってしまった。つまり、書類を破棄するのがうまい、エベネザー・スクルージ（これは永遠のイメージだ）、そしてアル・カポネ」。

すなわち、①の「字がうまい」は「書類を破棄するのがうまい」＊4に変わり、③の「ワード・クリーヴァー」は「アル・カポネ」に変わったものの、②の「エベネザー・スクルージ」は変わらない、ということで、要するに、字がうまくて**ケチ**で実直そう、というイメージが、書類を破棄するのがうまくて**ケチ**で悪人、というイメージに変わった、ということである。

＊3　ピート・マーウィックとプライス・ウォーターハウス、そしてビッグ・シックスについては後述される。
＊4　エンロン社の会計不正に関与した会計士はことの発覚を惧《おそ》れて関係書類を破棄しようとした。

巨大《ビッグ》会計士事務所

少し脇道に逸れるかもしれないが、ここで*Unaccountable*からの引用における「ピート・マーウィック」と「プライス・ウォーターハウス」、そして「ビッグ・シックス」について説明しておきたい。

まず「ピート・マーウィック」と「プライス・ウォーターハウス」はどちらも世界有数の巨大会計士事務所の名前だが、求職活動をしていた当時のブルースターは「ピート・マーウィック」が会計士事務所の名前だということを知らなかったため、「「ピート」という男のしがない使い走りに違いないビル」と考えた、というわけである。

また、「ビッグ・シックス」とは、六大会計士事務所、のことで、この当時は、六大、だったものが、現在は〈デロイト・トゥシュ・トーマツ〉(〈デロイト&トゥシュ〉)、〈アーンスト&ヤング〉、〈KPMG〉、〈プライスウォーターハウスクーパーズ〉の、四大、となっており、すなわち「ビッグ・フォー」と呼ばれている。

詳しくは後述されるが、いくつかの巨大な会計士事務所にたいする「ビッグ……」という総称は一九七〇年代に登場した「ビッグ・エイト」を嚆矢とし、これはまずは〈アーサー・アンダーセン＆Co.〉、〈アーサー・ヤング、マックレランド、ムーアズ＆Co.〉、〈クーパーズ＆ライブランド〉、〈デロイト・ハスキンズ＆セルズ〉、〈アーンスト＆ウィニイ〉、〈ピート、マーウィック、ミッチェル＆Co.〉、〈プライス・ウォーターハウス＆Co.〉、〈トゥシュ・ロス＆Co.〉によって構成されていた。そして、そうしたビッグ・エイトから現在のビッグ・フォーにいたるまでの変遷は次のとおりだった。

ビッグ・エイト
↓
（ビッグ同士の合併（二組））
ビッグ・シックス
↓
（ビッグ同士の合併）
ビッグ・ファイヴ
↓

（ビッグの〈アーサー・アンダーセン〉の破綻）

←

ビッグ・フォー

なお、本書もそうであるように、会計士の歴史は一般にイギリス（スコットランド等をふくむ）にはじまるが、そのようにイギリスを起点とすることの意味は、いま述べられたように「ビッグ……」と総称される巨大会計士事務所、そのルーツの在り処《ありか》にも看取され、たとえば会計史家R・H・パーカーは *The Development of the Accountancy Profession in Britain to the Early Twentieth Century*（一九八六年）（邦題は『会計士の歴史』）の「序」の冒頭で次のように述べている。

ビッグ・エイト会計士事務所の名はアメリカ中においてよく知られているが、会計プロフェッションの創始者一六名の姓からなるこれはしたがって、かれらを記念するものとなっている。

この一六名のうちの五名（クーパー（ただし、四兄弟）、デロイト、プライス、ウォーターハウス、ウィニィ）はイングランド人、また、ほかの五名（ピート、マーウィック、

表1　事務所名の変遷

事務所の変遷	名称の変遷	例
いわゆる個人事務所として設立	個人名	〈A. サトウ〉
パートナーシップ形態の採用	パートナー名を並列	〈サトウ&スズキ〉
パートナーの増加		〈サトウ，スズキ，タカハシ&タナカ〉
	簡略化	〈サトウ& Co.〉
より小規模な事務所との合併	不変	
同様な規模の事務所との合併	所名を合成	〈サトウ&ワタナベ〉

ミッチェル、トゥシュ、ヤング〉はスコットランド人であった。このことはアメリカのこのプロフェッションが部分的にイギリスに由来することを最も明確にしめしている。

敷衍《ふえん》すれば、まずは一六～一七頁に列挙された八事務所によって構成されていたビッグ・エイトはただし、やがて改称によって〈アーサー・アンダーセン&Co.〉、〈アーサー・ヤング〉、〈クーパーズ&ライブランド〉、〈デロイト・ハスキンズ&セルズ〉、〈アーンスト&ウィニィ〉、〈ピート、マーウィック、ミッチェル&Co.〉、〈プライス・ウォーターハウス〉、〈トゥシュ・ロス&Co.〉となり、この八事務所の名前を構成する「アーサー・アンダーセン」、「**アーサー・ヤン**

グ」、「**クーパー**」、「ライブランド」、「**デロイト**」、「ハスキンズ」、「セルズ」、「アーンスト」、「**ウィニィ**」、「**ピート**」、「**マーウィック**」、「**ミッチェル**」、「**プライス**」、「**ウォーターハウス**」、「**トゥシュ**」、「ロス」という一六の名前のうち、実に一〇（ゴシック体のもの）がスコットランド人かイングランド人の名前だった、ということである＊5。

ちなみに、詳しくは後述されるが、会計士事務所の名称については一般に**表1**にしめされるような変遷のパターンがみられる。

三大プロフェッションズ？

会計プロフェッションとは何か、あるいはまた、そもそもプロフェッションとは何か、といったことはとりあえずさて措くとして、イギリスやアメリカなどでは医師、弁護士、そして会計士をもって「三大プロフェッションズ」などともいうが、わが国ではどうだろうか。

いや、英米と日本の違いはこれもとりあえずさて措くとして、そもそも会計士には、医師や弁護士と較べて社会的な認知度が低い、というか、少なくとも、医師や弁護士ほどは一般のひとびとにとって身近な存在ではない、というところがあるが、それはどうしてだろうか。

この、身近な存在ではない、ということの理由については、たとえば、医師の仕事はいわばB to C＊6で、また、弁護士のばあいにはB to BもあればB to Cもあるが、他方、**会計士の仕事はB to B**で、すなわち個人相手のものではないため、身近ではない、といった説明がまずはなされようが、ただし、会計士にはB to Cはない、というわけでもない。

すなわち、（会計士のさまざまな仕事の詳細は後述されるが）会計士の仕事のうち、監査という仕事は大企業相手のもので、また、コンサルティングという仕事も企業相手のもので、

＊5　「一九七〇年代に「ビッグエイト」として欧米にネットワークを築いた八大会計事務所には「ヤング」「デロイト」など創業者の名前が付けられていたが……ビッグエイトの事務所名にあった名前の半分以上が英国人のものだった」（「けいざい楽校　会計士、スコットランドに起源」『日本経済新聞』二〇〇六年）。

＊6　蛇足ながら説明すれば、「B to C」は「business to consumer」の略で、ここでは、個人相手の仕事、という意味でつかい、また、後出の「B to B」は「business to business」の略で、ここでは、企業相手の仕事、という意味でつかう。

では個人相手のものは何か、といえば、税金関係の仕事、ということになる＊7が、日本のばあいは会計士とは別に、税理士、というプロフェッションがあって、税金関係の仕事は税理士、ということになっているため、やはり、会計士の仕事はB to B、ということになる。

とはいえ、しかしながら、会計士は（詳細はさて措き、簡単にいってしまえば）税理士の資格ももつことができ、また、個人で開業している会計士はその大方が税理士の仕事をしている、という情況があるため、話は少しややこしい。

また、税理士の類いが存在しないばあいには、税金関係の仕事は（ややこしさをともなうことなく）会計士の仕事、ということになり、別言すれば、個人の立場からみた会計士はまずは、税金関係のプロフェッショナル、であって、事実、たとえばイギリスなどではそのようにみられている。たとえば前出のパーカーいわく、「今日のイギリスにあって会計士の一般的なイメージは一八六六年におけるような破産管財人ないし清算人というそれでも、また、監査人というそれでもなく、税の専門家というイメージである。誤解をもたらしかねないこのイメージはとはいえ、この分野における会計士の能力が定評を得ていることをしめす素晴らしい頌辞《しょうじ》である」。

なお、身近さ、ということについて附言すれば、わが国のばあい、医師と弁護士は決して同様ではないだろう。医師はどの国でも身近な存在だが、弁護士はわが国のばあい、訴訟社会とされるアメリカのばあいのように身近な存在ではない。

さて、（もう一度）イギリスやアメリカなどでは**医師**、**弁護士**、そして**会計士**をもって「三大プロフェッションズ」などともいうが、わが国ではどうだろうか。

会計士は医師や弁護士などと同等のものとして位置づけられているだろうか。医師や弁護士のそれと同等の社会的な地位、ステイタスを有しているのだろうか。

いや、それ以前に、会計士というものはどの程度、社会的に認知されているのだろうか。会計士と税理士の違いを知らないひとも少なくないだろう。いまだに「計理士さん」（後述されるように、昔は、計理士、という資格があった）と呼んでいるひとも少なくないだろうし、ときには「経理士」などといった表記すら目にするくらいである。

慎重、退屈、平凡？

たったいま言及された「経理士」などといった表記は（むろん、そう頻繁に目にするわけで

＊7　むろん、税金関係の仕事には個人相手のものもあれば企業相手のものもある。

はないものの）出会《でくわ》すとしたら、まずは小説の類いにおいてだが、そうしたばあいの経理士《会計士》は、むろん、主役ではないどころか、脇役ですらない。

もっとも、呼称や表記がどうあれ（「会計士」だろうが「計理士」だろうが「経理士」だろうが）、会計士が登場するような小説それ自体が滅多にないともいえようし、ちなみに、前出の*Unaccountable*では会計士が主役を担っているものの、この書のばあいはそもそもが会計士をテーマにしたかなり専門的なノンフィクションだから特別ともいえ、要するに、会計士が登場する一般書は珍しく、ましてや、会計士が主役を担う小説などといったものはすこぶる珍しい。

ただしまた、すこぶる珍しい、ということは、むろん、別言すれば、皆無ではない、ということで、会計士が主役の小説、といえば、あの『さおだけ屋……』の著者による『女子大生会計士……』＊8がまずは挙げられようが、ここでは、会計士にしてアマチュア騎手、という異色の主人公をもつミステリィ、（知るひとぞ知る？）ディック・フランシスの競馬シリーズの第一六作*Risk*（一九七七年）（邦題は『障害』）から会計士のことに言及した件《くだり》がいくつか紹介される＊9。

私は、医師（doctor）、僧侶（priest）、弁護士（solicitor）といった慰めの専門家

（handholder）ではなく……会計士にすぎない。

会計士というのは、性格的に慎重な（cautious）人間だ、と一般に思われているが、その時点で、私は、慎重さをかなぐりすてた。

人類の大半は、会計士（auditing accountants）を、退屈な（boring）数字と取り組む能力しかない平凡な（dry-as-dust）人間、と考えているが、不正直な人間は、会計士を敵と見なす。

「なにが原因で、会計士になる気になったの？」彼女がいった。「とても退屈な（dull）仕事なのに」

要するに、**慎重**な性格で、**退屈**な仕事をしている**平凡**な人間、ということだろう。

＊8　山田真哉『女子大生会計士の事件簿』二〇〇二年。

＊9　引用は訳書『障害』から。ただし、原書を参照の上、（　）書きをくわえた。

プロフェッション

さて、会計プロフェッションとは何か。いや、そのまえに、**そもそもプロフェッションとは何か。**

「プロフェッション（profession）」という言葉には単に、職業、という意味も、また、専門職、という意味もあるが、ここにいう、プロフェッション、とはいわば、知的な専門職、のことで、もう少し具体的にいえば、知的な技倆《ぎりょう》をもって専門的なサーヴィスを提供する職、これがプロフェッションである。

ところで、筆者はいわゆるカタカナ言葉があまり好きではなく、以前からビジネス界や学界などにみられるようなカタカナ言葉の多用には否定的なため、この、プロフェッション、も、そうした意味では「知的な専門職」と表記したいところだが、しかし、これについてはあえてカタカナ表記をつかいたい。むろん、言葉の意味としては、プロフェッションは、イコール知的な専門職、だが、「知的な専門職」としてしまうと、プロフェッションというもののいわばニュアンスが出てこない。

プロフェッションというものには、欧米の歴史的な風土に根ざした社会的な位置づけ、われわれ日本人の感覚ではいまひとつ理解できないような、特殊な位置づけ、があるが、「知的な専門職」としてしまうと、そうしたことのニュアンスが出てこないのである。

「プロフェッション」はもともとは「ザ・ラーニッド・プロフェッションズ（the learned professions）」（あえて訳せば「学問的な職業」、「学問にかかわる職業」）と呼ばれるみっつの職業、すなわち神学にかかわる職業、法学にかかわる職業、医学にかかわる職業のことを意味していた＊10。

より具体的には、このプロフェッションというものの先駆は**聖職者**、**法廷弁護士**《バリスター》＊11、

＊10　これはまったくの余談ながら、たとえば大学《ユニヴァーシティ》というものも、もともとはこの神学、法学、医学を教授するところで、その意味では、おそらく日本の大学はすべて、大学、ではない（おそらく日本に神学部、法学部、医学部をもつ大学はない）。ただしまた、かつて学問とは神学、法学、医学のことであって、したがって、「大学 ＝ 学問を教授するところ ＝ 神学、法学、医学を教授するところ」で、また、「プロフェッション ＝ 学問にかかわる職業 ＝ 神学にかかわる職業、法学にかかわる職業、医学にかかわる職業」だった、ととらえるべきだろう。

＊11　イギリスには実にさまざまな弁護士の資格があるが、とりあえずはbarristerとsolicitorに大別され、一般に「barrister」は「法廷弁護士」、「solicitor」は「事務弁護士」と訳されている。

内科医＊12だった。この三種の職は晩《おそ》くとも一八世紀にはイギリスにおいてプロフェッションとして確立をみていたとされ、「みっつの「リベラル・プロフェッションズ」(three 'liberal professions')」(あえて訳せば「みっつの「教養的な職業」」)とも呼ばれる。

そして、この三種の職(いわば元祖三大プロフェッションズ)にたとえば事務弁護士や会計士やエンジニアなどといったいわば新興のプロフェッションがつづき、総じてプロフェッションというものはヴィクトリア期(ヴィクトリア女王の時代)に確立をみるにいたっている。

パーカーによれば、「一九世紀の初頭においては聖職者、法曹、医師だけがプロフェッショナルとして認知されていたが、この世紀の終わりまでには、会計士だけでなく、エンジニア、建築家、薬剤師、獣医師、歯科医師、保険数理士もくわえられ、また、古参のプロフェッションは再組織化された」。

こうした歴史はしかし、わが国のばあいにはないのである。

会計プロフェッション

さて、会計プロフェッションとは何か。

この、会計プロフェッション、とは具体的に今日の日本についていえば「公認会計士」

と呼ばれる職のことである。単に「会計士」と呼ばれることも多いが、わが国のばあいは公認会計士以外に会計士はいない＊13ため、さしあたってはそれでも問題ない。この公認会計士、イギリスやアメリカにおける同業者の数に較べれば桁違いに少ないが、たとえば二〇〇八年末現在、一八、八〇〇名程度はいるらしい。

では公認会計士とは何か。

簡単にいってしまえば、今日、公認会計士は四種類の仕事を手掛けている。監査という

＊12 （この大別が専門的な見地から適当かどうかは知らないが、一般には）医師は内科医と外科医に大別され、今日、一般にはこのふたつにステイタスの違いなどはみられず、また、ことによると、鮮やかなメス捌《さば》き、といったイメージから、外科医のほうがかっこいい、などとされるかもしれないが、かつてはそうではなく、具体的には、中世においては［医師＝内科医］で、外科的な処置は理容師によっておこなわれていた。
なお、理容店の赤、青、白の円柱形の看板はかつて理容師が（今日の）外科医を兼ねていたことに由来し、赤は動脈、青は静脈、白は包帯を表わしている、という説があるが、真偽のほどは分からない。

＊13 厳密にいえば、「外国公認会計士」という肩書きの会計士が若干名（たとえば二〇〇八年末現在、わずか四名）いる。

仕事、会計にかんする仕事、税金にかんする仕事、経営コンサルティングという仕事、である。そして、ちなみに、これらのうち、監査だけは、法律によって、公認会計士（ないし監査法人）でなければできない仕事、とされている。

この公認会計士が誕生をみたのは一九四八（昭和二三）年のことだった。もっともそのまえには計理士という類似の職が一九二七（昭和二）年からあったが、さまざまな面で公認会計士とは、似て非なる、ものだった。

したがって、たかだか六〇年ほどの歴史しかないということになる公認会計士だが、そのルーツは或る程度、古くに求められる。

会計プロフェッションはスコットランドに生まれた。イギリス（いわゆるイギリス（UK））の北部の国スコットランド、ここが会計プロフェッションの祖国である。

会計プロフェッションの確立は一般に一九世紀後半（半ば過ぎ）のこととされているが、その萌芽ともいうべきものは、すでにこれを一八世紀にみることができる。ただしまた、公認会計士の「公認」は、公《おおやけ》に認められた、ということで、そうした、**公に認められた会計士、が誕生したのは一九世紀後半のことだった。**

ところで、イギリス、あるいはまた、カナダ、オーストラリア、ニュージーランド、南アフリカ、アイルランドなどのいわゆる旧英連邦諸国におけるそうした、公に認められた会計士、は「勅許会計士《チャータード・アカウンタント》」と呼ばれている＊14。勅許《チャーター》とは、国王の許可、のことで、いわば、御上《おかみ》による御墨《おすみ》つき、を意味している。

この、御上による御墨つきを受けた会計士、が誕生をみたのは一九世紀後半、**一八五四年**のことだった。

詳細は後述されるが、一九世紀の半ば過ぎ、スコットランドの首都エディンバラの会計士たちが集まって《エディンバラ会計士協会》という団体（ちなみに、今日の日本には《日本公認会計士協会》という団体がある）をつくり、自分たちの社会的な認知度の向上、ステイタスの向上を図ろうとした。そこで、かれらがまずしたことは勅許、すなわち御上による御墨つきをもらうことだった。

《エディンバラ会計士協会》に勅許が授けられた＊15のは一八五四年。勅許会計士の誕

＊14 ただし、後述されるように、イギリスには「勅許会計士」のほかにもさまざまな会計士の肩書き（資格）がある。

＊15 このばあいの勅許（charter）は団体にたいして授けられるもので、個人にたいするものではない。したがって、「勅許会計士（Chartered Accountant）」とは呼ばれるものの、この呼称は、勅許を受けた会計士、ではなく、勅許を受けた会計士団体のメンバー、を意味している。

生だった。

なお、「公認会計士」の資格をしめすものとして「ＣＰＡ」という略称をつかうことがあるが、これは一般に「公認会計士」という名称のいわば語源とされているアメリカの「Certified Public Accountant」＊16の頭文字に由来しており、当のアメリカにおいてこの略称がつかわれていることによっている。これにたいしてイギリスにおいては、スコットランドでは「ＣＡ」、イングランドやウェイルズでは「ＦＣＡ」という略称がつかわれている。前者は「Chartered Accountant（勅許会計士）」、また、後者は「Fellow Chartered Accountant《イングランド＆ウェイルズ勅許会計士協会》の正会員《フェロウ》＊17）」の頭文字で、一般にどちらも「勅許会計士」と訳されている。

いずれにしても、簡単にいってしまえば、イギリスは王国だから「勅許」、そうでない日本は「公認」ということで、公に認められた、という基本的な性格は同様である。したがって、エディンバラの会計士団体が勅許を受けたこの、一八五四年、という年は、公に認められた会計士、の誕生の年だった。

このように、遡《さかのぼ》れば一世紀半を超える歴史をもつ公認会計士だが、前述されたように、わが国においてはいまだ六〇年程度の歴史しかなく、それにまた、そもそもプロフェッションというものについても、歴史的な風土に根ざした社会的な位置づけ、といったものがないのである。

日本における会計プロフェッションと監査

わが国においては、会計プロフェッションというものの意義、ないし、会計プロフェッションによって担われる監査というものの意義、あるいはまた、監査という行為それ自体の意義、といったものがいまひとつ社会的に認知されていない、ということがときに指摘される。

これについては、（ニワトリとタマゴの話と同様）監査の意義が認知されていないから、それを担う会計プロフェッションの意義が認知されていない、という面と、会計プロフェッ

＊16　一般に「公認会計士」という名称は「Certified Public Accountant」に由来するとされているが、このことにかんしては重要な問題があり、これは後述される。

＊17　なお、《イングランド&ウェイルズ勅許会計士協会》の準会員《アソシエイト》（Associate Chartered Accountant）については「ＡＣＡ」という略称がつかわれている（ちなみに、ＦＣＡの資格要件は会員歴一〇年以上ほか）。

ションの意義が認知されていないから、それが担う監査の意義が認知されていない、という面があって、いわば悪循環しているともいえよう。

それはさて措き、ひとつには、前述のように、わが国には、そもそもプロフェッションというものについて、歴史的な風土に根ざした社会的な位置づけ、といったものがない、という点が大きい。

簡単にいえば、歴史的な背景がない、ということである。**歴史的な変遷を経て生まれてきた、という背景のあるなし**は、そのものの**意義の認知度**に直結するのである。

むろん、こうした歴史的な背景の有無の問題はいろいろな事柄に当て嵌まる。

たとえば近代日本を構成する諸制度はその多くが明治維新期か第二次世界大戦後の時期に欧米から輸入されたものであり、したがって、歴史的な背景をもたず、したがって、意義の認知度が低い。

敷衍すれば、自分たちの手で歴史的につくり上げたものではないから、そのものの意義、重要性、必要性といったものがいまひとつ分からない（あるいは、観念的にしか分からない）、ということである。必要があって自分でつくり出したものではないため、必要性がいまひとつぴんとこない、ということである。

また、そもそもプロフェッションというものに歴史的な背景がない、ということにくわえて、わが国の会計プロフェッションはとりわけ新興のプロフェッション、ということもある。

たとえば弁護士については一八九三（明治二六）年にいわゆる旧々弁護士法があったし、さらに古くは一八八〇（明治一三）年に代言人規則というものがあったが、他方、会計士が誕生したのは、既述のように、一九四八（昭和二三）年のことだった（同年の公認会計士法による）。ちなみにまた、公認会計士による監査は一九五一（昭和二六）年に証券取引法にもとづくものが導入され、商法においては一九七四（昭和四九）年の改正時に導入されたばかり（?）である。

歴史的な背景のなさは、そのものの意義の社会的な認知のなさにつながる。

そして、会計プロフェッションの意義が認知されていないということは、とりもなおさず、それが担う監査の意義が認知されていないということであり、また、監査の意義が認知されていないということは、とりもなおさず、それを担う会計プロフェッションの意義が認知されていないということである。

他方、監査という行為それ自体の意義、については、**そもそも監査という行為は日本の風土や日本人のメンタリティに馴染まない**、といった指摘がしばしばなされる。

監査とは何か、の詳細はさて措き、簡単にいってしまえば、監査とは、会計がちゃんとしたものかどうかをチェックする行為、であり、したがって、監査においては、もしかしたら、ちゃんとしたものではないのではないか、とまずは疑って掛かる、ということになる。

この、疑って掛かる、というところが日本の風土や日本人のメンタリティに馴染まないということである。

(筆者自身は「日本の社会は」とか「欧米の社会は」とかいった(あるいは「男は」とか「女は」とかいった)一般化した言い方は好きではないが)日本の社会はたがいの信頼関係の上に成り立っている、とよくいわれる。これを、性善説的な考え方に依拠した社会、といってしまってよいかどうかは分からないが、簡単にいえば、たがいに相手を善として信頼するわけだから、まずは疑って掛かる、などといったことは言語道断、ということである。

他方、欧米の社会は、これまた、性悪説的な考え方に依拠した社会、といってしまってよいかどうかは分からないが、まずは疑って掛かる、というところからはじまる、とされ、ちなみにまた、それゆえ、信頼ではなく、契約にもとづくことになる、ともされる。

したがって、監査という行為は、欧米では当然のことだろうが、日本には馴染まない、とされるのである。

そしてまた、たがいに相手を信頼しているのであれば、監査という行為の意義、重要性、必要性が感じられることはなく、したがってまた、それを担う会計プロフェッションの存在理由もいまひとつ分からない、ということになるのである。

日本における監査の質

ちなみに、前項に述べられたような、監査の意義の認知度の違い、は、監査報酬の違い、をつうじて、監査の質の違い、へとつながる。

監査報酬の多寡にかんする日米比較によれば、わが国における監査報酬はアメリカにおけるそれに比して桁違いに少ないが、おそらくこれは、監査の意義が理解されているかどうか、によっている。

敷衍すれば、監査の意義、必要性がいまひとつ理解されていないわが国においてはしたがって、監査は法律によって要求されているから（仕方なく）おこなうものにしか過ぎず、したがって、これに掛けるコストはできる限り抑えられ、すなわち監査報酬はできる限り抑えられるが、他方、監査の意義、必要性がしかるべく理解されているアメリカにおいてはしたがって、監査に十分なコストが掛けられ、すなわち十分な監査報酬が支払われる、ということである。

監査報酬の多寡、は、監査に掛けることのできる人数や時間の多寡、をつうじて、監査の質の高低、へとつながり、要するに、十分な監査報酬が支払われないわが国においてはしたがって、監査に十分な人数や時間を掛けることができず、すなわち質の高い監査はおこなわれえないことになる＊18 ＊19。

「公認会計士」という名称

イギリスやアメリカには「public accountant」という呼称があり、これは直訳的には「公共会計士」と訳され、また、この「public accountant」とvs.の関係にある呼称としては「accountant in business」や「accountant in industry」があり、これは「企業内会計士」などと訳される。このばあいの「公共《パブリック》」は、みんなの、とか、だれでも利用することができる、とかいったことを意味し、したがって、「公共会計士」は、或る特定の企業のためにだけ働く会計士、とはvs.の関係にある、みんなの会計士、だれでも利用することができる会計士、を意味している。

さて、わが国の「公認会計士」は一般に「Certified Public Accountant」と英訳されているが、この「公認会計士」を逐語的に、公に認められた会計士、と解すれば、英訳は

「Publicly Certified Accountant」となるはずである。

したがってまた、すでに言及されたわが国の一九四八年の公認会計士法（英語名は「The Certified Public Accountant Law」）における「公認会計士」は、これがもし「Certified Public Accountant」となるはずである。

＊18　筆者はこの問題について、ちゃんとした調査をおこなったわけではないが、仕事柄、会計士の知り合いが多いため、何人もの知人の会計士に（酒席をふくむ何かの折りに）次のように訊いてきた。

　十分な監査報酬が支払われるので十分な手間を掛けられる監査、要するに、自分で納得のゆく監査、これを一〇〇点とすると、現在、**実際にやっている監査は何点くらいですか？**

回答は、三五点ないし四〇点、といったところである。

＊19　ただしまた、筆者とすれば、監査の意義が理解され、質の高い監査がおこなわれる社会のほうが望ましい、ということにはかならずしもならない。

監査の重要性、必要性などといったものが感じられない社会（質の低い監査で用が足りている社会）のほうが、過ごしやすい社会、ではないだろうか。

lic Accountant」の訳だったとしたら＊20、誤訳といわざるをえない。というのは、「Certified Public Accountant」は「Certified 'Public Accountant'」であり、すなわち「認可された「公共会計士」」だからである。

もし「公認会計士」が「Certified Public Accountant」の訳であり、したがって、誤訳だったとしたら、それは、日本では「public accountant（公共会計士）」という概念が認知されていなかった、ということが原因だろう。つまり、「Certified Public Accountant」における「Public Accountant」の意味が理解されていなかったから、ということである。

ただしまた、しかしながら、わが国のばあい、「公共会計士」という呼称は（少なくとも近年にいたるまでは）不要だったともいえよう。わが国の会計士は（少なくとも近年にいたるまでは）そのほとんどが公共会計士だったからである。

要するに、「会計士 ≒ 公共会計士」のばあいには「公共会計士」は要らない、ということである。

他方、たとえばイギリスには以前から多くのaccountant in business ないし accountant in industry（企業内会計士）が存在し、たとえば、財務担当取締役のポストは accountantの指定席、などともされる。だからこそ、イギリスでは「public accountant」という呼称が必要なのである＊21。

＊20　とりあえずは「もし「Certified Public Accountant」の訳だったとしたら」としたが、実は、「公認会計士」は「Certified Public Accountant」の訳、とするのが通説のようである。たとえば太田哲三『近代会計側面誌――会計学の六〇年』（一九六八年）いわく、「米国の言葉をそのまま翻訳して、サーティファイド・パブリックを公認とし、アカウンタントを会計士としたらよかろうということになって、公認会計士という名前が出来上った」。

なお、「公認会計士」という名称が選択された理由（ほかの名称が選択されなかった理由）については日本公認会計士協会の『公認会計士制度二五年史』（一九七五年）に次のような説明があるが、「公認会計士」という名称の出所《でどころ》（そもそもこの名称はどこからきたのか）には言及がない。

新たな制度に付す名称として**公称監査士**、**監査士**、**会計士**、**公認計理士**、**計査士**、**会計検査士**、**計理検査士**など数多くの意見が提案された。監査証明を主要な業務とする点からいえば、監査士の名称こそ最適であると考えられ、また最も有力であったが、新制の会計専門家は監査証明以外にも、財務に関する調査・立案、財務書類の調製等の業務分野において活動すべき分野は広く、結局、**公認会計士**という名称に落ち着いた。**計理士**あるいは**経理士**という名称が排されたのは、旧制度との相違を明らかにするためであり、「公認」の二字を冠したのは、計理士法制定の前後を通じて計理士以外の者が使用した会計士という名称との混用を防ぐためであった。

＊21　ただし、本書は主としてイギリスの会計プロフェッションを扱いながらも、ほとんど専ら公共会計士について述べているため、「公共会計士」や「公共会計士業」とすべきところも、冗長さを避けるべく、原則として「会計士」や「会計士業」としている。

表2　会計士の分類

<table>
<tr>
<td rowspan="2">**公共会計士**
public accountant
‖
広義の accountant in practice</td>
<td>**会計士事務所のパートナー**
partner in practice</td>
<td>**開業会計士**
practicing accountant
‖
狭義の accountant in practice</td>
</tr>
<tr>
<td>**会計士事務所の被傭者**
accountant employed in practice</td>
<td rowspan="2">**非開業会計士**
non-practicing accountant
‖
広義の accountant not in practice</td>
</tr>
<tr>
<td>**企業内会計士**
accountant in business
ないし
accountant in industry
‖
狭義の accountant not in practice</td>
<td></td>
</tr>
</table>

要するに、たとえば**表2**にしめされているような「accountant ≠ public accountant」のばあいには「public accountant」が要る、ということである。

なお、ここにおける「accountant」は日本で一般につかわれる「会計士」、すなわち「公認会計士」の略としての「会計士」よりも広義の呼称である。というのは、「accountant」はqualified accountant（有資格会計士）とunqualified accountant（無資格会計士）の総称でもあるし、その上、文脈によっては「会計係」や「会計担当者」や「経理担当者」等が適訳のばあいもあるからである。

「会計士」という呼称

前項に述べられたように、イギリスの会計士は有資格会計士《クウォリファイド・アカウンタント》と無資格会計士《アンクウォリファイド・アカウンタント》に大別され、したがってまた、イギリスにおける「accountant」はわが国における「公認会計士」の略としての「会計士」よりも広義の呼称である。

また、わが国の公認会計士はこれを「有資格会計士」と称しても差し支えこそないが、一般に公認会計士だけが「会計士」と呼ばれるわが国のばあい、この「有資格会計士」という呼称は不要（すなわち、資格の有無による会計士の分類は不要）ともいえよう。

さらにまた、わが国のばあいには公認会計士と（ごく少数の）外国公認会計士＊22だけが

＊22　公認会計士法第一六条の二第一項は「外国において公認会計士の資格に相当する資格を有し、かつ、会計に関連する日本国の法令について相当の知識を有する者は、内閣総理大臣による資格の承認を受け、かつ、日本公認会計士協会による外国公認会計士名簿への登録を受けて、第二条に規定する業務（公認会計士の業務）を行うことができる」（（　）書きは筆者）とし、また、同第一六条の二第五項は「第一項の登録を受けた者（以下「外国公認会計士」という。）」としている。

有資格会計士といえようが、他方、イギリスでは実にさまざまな会計士が「qualified accountant」と称している。後述されるように、イギリスにおけるこの呼称は、会計士団体のメンバー、を意味し、しかも、**イギリスには実にさまざまな会計士団体が存在する**からである。

第二章

会計プロフェッションの成立

プロフェッション成立の指標

何をもって或るプロフェッションの成立とするか。

むろん、これはなかなかにむずかしく、説もかなり分かれる問題だが、プロフェッションを扱う社会学（社会学には、プロフェッション論、という分野がある）においては、**団体の設立**、がプロフェッション成立の指標《メルクマール》ともされる。

たとえば、プロフェッション論の古典、とされるA・M・カー－サンダース&P・A・ウィルスンの*The Professions*（一九三三年）は次のように述べている。

たとえ或る一定の技倆が存在し、ひとびとがそれをもってする仕事に携わっているとしても、プロフェッションの存在はこれをかならずしも認めることはできない。……たとえ職能を同じくするひとびとが存在するとしても、その銘々が孤立している限り、プロフェッションが形成されることはない。その仕事に携わるひとびとのあいだに結束が存在するばあいにおいてのみ、プロフェッションの存在はこれを認めることができ、また、ここにいう結束の形は正式の団体というそれのほかにない。

したがって、会計プロフェッションの成立については、会計士団体の設立、が指標とされる。

スコットランド

まずはスコットランドの首都エディンバラだった。

少し遡って『エディンバラ年鑑』の一八一三年版を開いてみよう。「エディンバラの会計士」と題するリストに記載された名前はその数二三。これが一〇年後の一八二三年版では六五、そして四〇年後の一八五三年版では八一。

会計士団体誕生前夜のエディンバラに八一名の会計士をみることができた＊1。

一八五三年一月一七日、A・W・ロバートスン（ちなみに、かれは一八四二年から会計士事務所を営んでいた）が一四名の同業者に送った書簡は、これすなわち団結の呼び掛けだった。

＊1　この『エディンバラ年鑑』では一八五四年版から《エディンバラ会計士協会》のメンバーとそれ以外の会計士とが区別されているため、前年の一八五三年版の記載数をもって《エディンバラ会計士協会》設立前夜の情況とみなすことができよう。

一月二〇日、この書簡を受けてもたれた最初の会合（出席者八名）では定款の草案がしめされ、次の会合ではこれに検討がくわえられ、そして一八五三年一月三一日、四七名の出席者を得た三回めの会合で設立をみたのが《エディンバラ会計士協会》、会計士団体の誕生だった。

ほどなくJ・ブラウンを会長とする執行部が任命され、また、定款が最終的な承認を受けるなどして組織の基礎づくりが完了、次は勅許だった。

翌年六月に完成をみ、メンバー五四名の署名を得て提出された勅許の申請書はエディンバラの会計士について次のように説明している。

申請者の属する会計プロフェッションは永年にわたって存在し、大いに尊敬され、また、近年はすこぶる重要な存在となるにいたっています。エディンバラにおける会計士の仕事は多様かつ広汎にして計算書類にかんするあらゆる事柄をふくみ、これを適切におこなうには、保険数理の分野の業務にかんするすべての知識のみならず、法、とりわけスコットランド法の一般原則にかんする深い知識、就中《なかんずく》、商事法、支払い不能および破産、ならびに財産にかかわるすべての権利にかんする深い知識を必要とします。民事上級裁判所における多くの訴訟において、直接ないし間接に会計の問題をともなうばあい、会計士はほとんどかならず裁判所に雇傭され、確信をもたらす手助けをしています。この手の調査はこれを法廷の陪審がおこなうことは明らかにきわめて不適当であり、信頼しうる専門的な助力なくしては裁判所自らによる訴追もむずかしく、こうした事件のすべてにおいて裁判所からの付託を受ける会計士は事実上、申請者の知るところ、イングランドにおいては大法官裁判所主事によって果たされている重要な役割をすべて果たしています。会計士はまた、たとえば破産者の財産にたいする請求権の順位づけおよび破産者の財産の売却、訴訟手続きおよび清算、ならびに競合権利者確定手続きなどのスコットランド特有の手続きにおいて、大いに裁判所からの付託を受けています。さらにまた、会計士は仮差し押さえにおける管財人および任意信託における受託者にも多くのばあい、選任され、これらの仕事をなし遂げる義務を負っていますが、これは最高度の責任および大きな金銭的利益のためのみならず、これらの仕事が事業にかんする豊かな経験、法にかんする博《ひろ》い知識、および一般教育によってのみ身につけることのできるその他の能力を必要としているからであります。

なお、ここでひとつ注目すべきは、この《エディンバラ会計士協会》の申請書（そして後出の《グラスゴウ会計士保険数理士協会》の申請書）は、会計士の仕事にかんして、「裁判所のためにする仕事、破産管財人の仕事、保険数理士の仕事を強調し、他方、監査、税務、原価計算にはまったく言及していない」（パーカー）という点である。

閑話休題《それはさて措き》。会計士団体に初めて勅許が授けられたのは一八五四年一〇月二三日、**勅許会計士の誕生だった。**

グラスゴウがあとにつづいた。

これまた一八五三年、結束を望む声の具体化は九月、二七名の会計士の署名を得た書状だった。これを受けて一〇月三日、J・マックレランドを議長として会合がもたれ、定款づくりがはじまった。一一月九日には定款の草案が承認され、また、マックレランドを会長とする執行部が任命され、一一月一四日、《グラスゴウ会計士協会》の定款証書に署名がなされるにいたった。ふたつめの会計士団体の誕生だった。

年が替わると勅許状の取得が議題にのぼり、勅許団体の名称については議論の上、《グラスゴウ会計士保険数理士協会》が採択された。

九月に完成をみ、メンバー四九名の署名を得て提出された勅許の申請書は次のように説明している。

スコットランドにあって会計プロフェッションは永年にわたって大いに尊敬されるプロフェッションとして認識されてきています。当初は少数であったその従事者はしかし、永年にわたって急速に増え、いまやグラスゴウにおけるこのプロフェッションは大いに尊敬される許多《あまた》のひとびとの集団となるにいたっています。会計士の仕事は博識多才を必要とします。この仕事は事実、その一分野にしか過ぎない保険数理の分野に局限されることなく、計算および数字の調査にかかわるすべての事柄をふくみ、また、法の一般原則にかんする多くの知識、とりわけスコットランド法の知識を欠くことのできないきわめて広い範囲に及んでいます。会計士は執行官裁判所およびスコットランドにおいて最上位の民事裁判所である民事上級裁判所というふたつの裁判所に頻々と雇傭され、多少ともむずかしい法律上の論点を多かれ少なかれともなう会計にかんする問題の調査において裁判所に助力しています。こうした付託による会計士の仕事はけだし、イングランドにあってはこれを大法官裁判所主事がおこなっています。また、会計士は仮差し押さえにおける管財人および広大な土地にかんする私益信託証書による受託者にも多くのばあい、選任され、これらの仕事においてしばしばまずは債権者の順位づけおよび競争という重要な問題ならびに財産にかかわる法にかんするその他の多くの重要な問題について熟考、決定しなければなりません。
《グラスゴウ会計士保険数理士協会》に勅許が授けられたのは翌一八五五年三月一五日のことだった。

さらにつづいたのはアバディーンだった。

一八六六年の末に設立をみた《アバディーン会計士協会》は翌一八六七年三月一八日に勅許状を取得、みっつめの勅許会計士団体だった。

このように、この国スコットランドには一九世紀の半ばを過ぎてほどないころに、すでに三会計士団体の誕生、そして勅許をみることができたが、他方、イングランドに勅許会計士団体をみるには、エディンバラに後れること四半世紀超、一八八〇年までも待たなければならなかった。

イングランド

「イングランドにあって会計士団体は一八七〇年代の初頭にいたるまで設立されることがなかった。《エディンバラ会計士協会》の事務局長であったブラウンの編書＊2……は、この後れの原因を破産法や裁判所の実務におけるスコットランドとイングランドの異同に求めている。イングランドにおいては破産にかんする会計の問題の処理は大法官裁判所主事によって担われ、また、破産者の財産の管理は裁判所の官吏に委託されていたが、他方、スコットランドにあってこれらの仕事はプロフェッショナル会計士たちに付託され、かれらはこれを自らの実力によってなし遂げなければならなかった」（パーカー）。

イングランドの会計士団体は一八七〇年にようやくまずはリヴァプール、ついでロンド

＊2　R. Brown (ed.), *A History of Accounting and Accountants*, 1905.

ンに設立をみ、いくつかが後続した。

前述のスコットランドのばあいは三団体が（エディンバラ、グラスゴウ、アバディーン、と）いわば地域的な棲み分けの関係にあったが、イングランドにおいては《ロンドン会計士協会》と《イングランド会計士協会》（一八七二年設立）が競合していた。

《ロンドン会計士協会》は今日のビッグ・フォー（イギリスにおいては〈デロイト&トゥシュ〉、〈アーンスト&ヤング〉、〈KPMG〉、〈プライスウォーターハウスクーパーズ〉）に名を遺すW・W・デロイト（〈デロイト&トゥシュ〉の「デロイト」）やS・L・プライス（〈プライスウォーターハウスクーパーズ〉の「プライス」）といった高名な会計士たちを初代の評議員とするエリート団体、他方、《イングランド会計士協会》はかなりのアグレッシヴさをもって急成長、一時はこの二団体による熾烈な勢力争い（足の引っ張り合い）がみられた。

しかしながら、最急務は勅許状の取得だった。

勢力争いなどしているばあいではなかった。勅許を受けるには団結が必須だった。結局、この二団体はスコットランドの先達に倣《なら》って勅許を受けるべく、曲折を経て団結の方向へと向かった。

一八八〇年、この二団体、そしてリヴァプール、マンチェスター、シェフィールドの団体からなるイングランドの五団体が統一団体として勅許を受けて生まれたのが《イングランド&ウェイルズ勅許会計士協会》だった。

スコットランドの先進

こうした団体の設立、そして勅許にもみられるように、会計プロフェッションの生成において、イングランドはスコットランドの後塵《こうじん》を拝さなくてはならなかった。

「スコットランドは会計士団体の設立においてイングランドに遥かに先んじていた。今日、スコットランド人の血を曳く会計士たちは、このことを教育や専門性におけるスコットランドの先進性の明確な証左とみなし、また、事実、一九世紀にあってスコットランドの教育は、イングランドのそれに比して、より広汎で、より実践的なものであった」（パーカー）。

また、**スコットランドの会計士は早くから司法と密接にむすびついていた。**この国の裁判所はさまざまな業務を会計士の手にゆだねていた。スコットランドの制度は会計士の専門的な技倆をいわば前提としていた。裁判所は十分な能力があると認めた会計士にさまざまな専門的な業務を委託していた。

制度の違いによって、イングランドでは大法官府主事という裁判所の職員その他の官吏や事務弁護士がおこなっていた仕事の多くがここスコットランドでは会計士によっておこなわれていた。

事実、前出の《エディンバラ会計士協会》の勅許の申請書は「こうした事件のすべてにおいて裁判所からの付託を受ける会計士は……イングランドにおいては大法官裁判所主事によって果たされている重要な役割をすべて果たしています」としていたし、また、同じく前出の《グラスゴウ会計士保険数理士協会》の申請書も「こうした付託による会計士の仕事はけだし、イングランドにあってはこれを大法官裁判所主事がおこなっています」としていた。

こうした制度の違いは会計士の能力に影響をもった。スコットランドの制度は会計士の質の向上へとつながった。裁判所による業務委託を受けることができるかどうか、は専門的な技倆の程度に依存したからだった。

他方、イングランドにおいては、専門的な技倆を必要とするはずの仕事がいわばアマチュアたる官吏らの手によっておこなわれ、また、かれらはしばしば事務弁護士に助けを求めた。会計士が自らの能力によって専門的な業務に従事し、また、そうした業務を受託するために自ら質の向上に努めた、というスコットランドの情況がそこにはなかった。

たとえば前出の《グラスゴウ会計士保険数理士協会》の初代会長マックレランドいわく、

「イングランドの制度は近年にいたるまで、会計士として十分な訓練を受けたひとびとを舞台の前面に立たせることを怠ってきました」。

両国において「会計士」という名称はまったく異なった意味をもっていた。スコットランドにおいては会計の専門家として理解されていた会計士というものが、イングランドではいわば単なる簿記係程度のものとみなされていた。

法曹との関係

こうした両国間の違いはステイタスの高低につながっていた。

スコットランドの会計士は古くからかなりのステイタスを有していた。

その理由は法曹との関係にあった。前述のような裁判所との関係によって、スコットランドにあって会計士は、司法プロフェッションの一員、とみなされていた。

すなわち、この国の会計士は「エディンバラ社会の真の指導者はプロフェッションのひとびとであったし、また、とりわけ法曹は数、富、威信《プレスティージ》のいずれについてもずば抜けていた」(*A History of the Scottish People 1560-1830*) などともされる法曹のステイタスを享受していた。

たとえば、スコットランドの誇り、とされるウォルター・スコット（類いまれな文才で知られる詩人、小説家、そして史家）は一八二〇年、弟宛の書簡において甥の進路について次のように述べている。

もしもわたしの甥が堅実、慎重で、定住的な生活と安定した職業を好み、また、算術に堪能で、その最上級の分野に従事する意向があるならば、会計士という職に優るものはない。これは大いに尊敬すべき職であって、注意力と技倆をもって従事し、さらにわたしの斡旋にも扶《たす》けられるならば、かれの成功は疑いない。ただし、だれであっても、その努力がむくいられるまでには長く、そして苦しい専心を覚悟しなければならない、といっておきたい。それは法曹業のほかの分野と同様、これが稔りは少なく、しかし従事者は多い分野であるからである。

明らかに会計士は司法プロフェッションの一員とみなされ、また、かなり高く評価されている。

ただし、スコットは次のように附言している。

しかし、これはありそうなことだが、もしもあの若者が活気のある生活と冒険に向いた果断な気質をもち、威勢がよく、長くて無味乾燥な仕事を我慢することができないならば、……親愛なる弟よ、おまえは決してかれを会計士にしてはならない……。ばあいによっては、おまえの権威、そしてわたしの推薦によって、かれは会計士事務所に入るかもしれないが、しかし、それはかれの人生の初期を空費することにしかならないであろう。

活気のない生活、**無味乾燥**な仕事、人生の**空費**。

（前出の *Unaccountable* や *Risk* がいうように、ケチで慎重で平凡なひとが携わる仕事、であれば、確かにスコットが心配するとおりだろう＊3。）

＊3　ちなみに、これまで本書に紹介されてきた、会計士にかんする形容、はその多くが否定的なものだったかもしれないが、むろん（?）、会計士についてはそうした形容しかないというわけでもなく、よく目にするその他の（否定的ではない？）形容としては「合理的」なども挙げられよう。もっとも、これとて肯定的な形容かどうかは疑わしくもあるが、たとえば「弁護士と会計士の資格を取得し数々の企業を渡り歩」いてきた、という某自動車メイカーの新ＣＥＯを紹介する『日本経済新聞』（二〇〇九年）の「登場」という欄は「合理性貫く再編仕掛け人」という見出しの下、「会計士ならではの合理性」と述べている。

（人生を空費したくなかったからか？）結局、この甥が選択したのは会計士ではなく、軍人の道だった。

閑話休題。スコットの会計士にたいする高い評価は、会計士をふくむ司法プロフェッションにたいする評価、だったと理解することができようし（なお、エディンバラ大学で法律を学んだスコットはかれ自身が法曹でもあった）、また、そうであれば、会計士は司法プロフェッションの一員とみなされている限り、すでに確立をみていた司法プロフェッションの威信の恩恵に与《あずか》っていたといえよう。

もっとも、当時のエディンバラにおける司法プロフェッション内の序列については「法廷弁護士は御璽証書作成人協会所属の弁護士を寄せつけない。また、御璽証書作成人協会所属の弁護士はスコットランド最高裁判所弁護士協会所属の弁護士や会計士のことを胡散臭くみる。さらにまた、会計士は下位裁判所弁護士法人協会所属の弁護士＊4を相手にしないであろう」（*The Castes of Edinburgh*）などともされているが、いずれにしても、他方、イングランドにあって会計士はまったく法曹の威信の恩恵に浴することがなかった。

専業化をもたらしたもの

一九世紀の前半における会計士の仕事の情況は、これをたとえばマックレランドの開業広告にみることができる。

既述のように、のちに《グラスゴウ会計士保険数理士協会》の初代会長となるマックレランドがそれまで勤めていた事務所から独立して自分の事務所を構えたのは一八二四年のことだったが、そのさいの開業広告は会計士事務所〈ジェイムズ・マックレランド〉の業務を次のように列挙している。

・仮差し押さえを受けた財産にかんする差配人と管理人の仕事
・信託証書にもとづいて行為する債権者の受託者のためにする管財人ないし差配人

＊4　スコットランドの法曹資格はなかなかにややこしいが、本書は「writer to the signet」を「御璽証書作成人協会所属の弁護士」、「solicitor before the supreme court」を「スコットランド最高裁判所弁護士協会所属の弁護士」、「solicitor-at-law」を「下位裁判所弁護士法人協会所属の弁護士」と訳している。

表3 〈ウィニィ，スミス＆ウィニィ〉の営業収入の内訳

収入源	破産関係業務（％）	会計業務（％）	監査業務（％）	受託者ないし遺言執行者としての業務（％）	税務業務（％）	特別の仕事（％）
1849年	75	8	−	12	−	5
1860年	86	8	2	4	−	1
1870年	94	2	2	2	−	−
1880年	72	11	11	4	−	2
1890年	46	10	37	4	−	3
1900年	20	17	53	6	−	5
1910年	53	4	35	3	1	4
1920年	45	10	38	1	2	3
1930年	6	11	67	3	6	6
1939年	3	10	73	2	6	6
1950年	4	7	64	1	11	5
1960年	−	8	60	2	11	15

の仕事
・故人の法定相続人のために行為する管財人のためにする差配人の仕事
・郊外の居住者のためにする差配人の仕事
・グラスゴウの破産者にかかわるイングランドとスコットランドの家屋にかんする代理人の仕事
・パートナーシップの清算とパートナーにかんする精算
・商工業者のためにする帳簿記入と決算
・問題のある計算書類と帳簿にかんする調査と精算
・帳簿ないし問題のある計算書類にかんする報告書等の作成と仲裁人、

裁判所、ないし訴訟代理人にたいする権利の主張
・破産者の財産からの債権の回収
・会計士のおこなうその他の仕事の一切

前述のように、今日、会計プロフェッションの仕事としては、監査、会計にかんする仕事、税金にかんする仕事、経営コンサルティング、が挙げられようが、このプロフェッションが確立をみた一九世紀には破産関係の仕事の存在が大きかった。

当時の会計士事務所の営業収入はその大半、ときにはほとんどが破産関係の仕事によるものだった。たとえば**表3**にしめされる〈ウィニィ、スミス&ウィニィ〉＊5の資料によれば、ときには九〇%以上が破産関係の仕事による収入だった。

なお、「残念ながら、ほかの事務所についてはこれと同様の情報を入手することができず、

＊5　現在は〈アーンスト&ヤング〉の一部を構成するこの事務所の名称は、〈ハーディング&プリン〉（一八四八年〜）→〈ハーディング、プリン、ウィニィ&ギボンズ〉（一八五九年〜）→〈ハーディング、ウィニィ、ギボンズ&Co.〉（一八六六年〜）→〈ハーディング、ウィニィ&Co.〉（一八七二年〜）→〈ウィニィ、ハールバット&スミス〉（一八八六年〜）→〈ウィニィ、スミス&ウィニィ〉（一八九四年〜）……、と変遷している。

また、おそらく〈ウィニィ、スミス&ウィニィ〉は、他の事務所に比して、より多く破産関係の仕事を手掛けていた。とはいえ、この……数値はプロフェッショナル会計士が手掛けていた仕事の範囲を明確にしめしている」（パーカー）。

ひとつのプロフェッションが確立をみてゆくそのプロセスはどのプロフェッションにおいても大差なく、まずは、兼業から専業へ、すなわちまずは、**専業化**、だった。会計プロフェッションのばあいであれば、当初は、○○兼会計士、だったものが、要《よう》は**会計士の仕事だけで食えるようになる**ということだった。

会計士の専業化は主として破産関係の仕事がこれを可能にした。会計プロフェッションは「破産をもって生まれ、破産と不正によって育てられ、清算をもって成長し、監査をもって大学を卒業した」などともいわれている。

前出のマックレランドの開業広告、その筆頭は「仮差し押さえを受けた財産にかんする差配人と管理人の仕事」だった。

破産関係の仕事

既述のように、会計プロフェッションの祖国スコットランドの会計士は早くから裁判所

表4　仮差し押さえにおける管財人の内訳（1851年）

	仮差し押さえの件数についてみたばあい(%)	管財人にたいする報酬についてみたばあい(%)
会　計　士	55	78
(のちに勅許会計士となった会計士)	(38)	(63)
(その他の会計士)	(17)	(15)
弁　護　士	13	8
金融専門家	5	3
そ　の　他	27	11

と関係をもち、この国の裁判所はさまざまな仕事を会計士の手にゆだねていたが、その多くは破産関係の仕事だった。

この国の会計士にとって特に重要性の高い破産関係業務は仮差し押さえにかかわる業務だった。たとえば**表4**にしめされる一八五一年の或る資料によれば、この年に終了した仮差し押さえと、この年の末において継続中の仮差し押さえは計一、一五五件、その管財人に占める会計士の割合は件数については五五％、報酬(総額はおよそ八九、〇〇〇ポンド)については七八％だった。会計士の割合がこれを報酬についてみたばあいのほうが件数についてみたばあいよりもかなり高いという事実は、複雑な管財の仕事には会計士の専門的な技倆が不可欠だった、ということを意味している。

ただしまた、他方、イングランドにあっても、会計士にとっての破産関係業務の重要性は一八三〇年代以降、

表5　イングランドおよびウェイルズにおける会社の登記と解散

	登記件数	登記後3年以内の解散（%）	登記後10年以内の解散（%）	登記後20年以内の解散（%）
1856年～1865年	3,104	21	49	61
1866年～1874年	4,233	24	57	70
1875年～1883年	6,240	28	57	72
	13,577	25	55	69

徐々に高まりをみる。

「一九世紀のイギリス経済は、成長だけでなく、いく度《たび》もの金融危機と許多の破産によっても特徴づけられるものであった。……有限責任会社はその多くが設立されるや否や解散した。およそ四分の一は登記されてから三年以内、およそ二分の一は一〇年以内、およそ四分の三は二〇年以内に解散した」（パーカー）（**表5**をみよ）。

当時の急速な経済発展は周期的な景気変動をともない、寄せてはかえす恐慌の波は破産にかかわる法の整備を求め、そこに登場をみた諸法は会計士業に生い立ちの糧をあたえた。端初《たんしょ》は一八三一年の破産裁判所法だった。「大法官は破産裁判所において訴訟されるすべての破産について商人、仲買い人、会計士、あるいは……を官選に選任するものとする」（第二一条）。何人かの会計士が官選破産財産譲受人《アサイニー》に任命され、また、官選破産財産譲受人のなかには会計士を補助者につかう者も少なくなかった。

次は一八四八年の株式会社解散法だった。この法が設けた官選財産保全管理人《マネイジャー》には通例、会計士が選任されていた。

官選清算人について定めたのは一八五六年の株式会社法だった。この規定はやがてまとめられた一八六二年の会社法（「会社にかんするマグナ・カルタ」とも呼ばれる体系的な会社法の嚆矢）に収められ、ここにこの一八六二年法は「会計士の最良の友」とすら称されるにいたった。官選清算人にはほとんどのばあい、会計士が選任されたからだった。

さらなる果報がやってきたのは一八六〇年代の末葉のことだった。一八六九年の破産法も会計士に破産関係の仕事の増加をもたらした。

この一八六九年の破産法は官選ではない破産管財人《トラスティー》の選任について定め、また、前述のように官選破産財産譲受人について定めていた一八三一年の破産裁判所法は廃止されることになった。

この破産法は破産管財人について次のように規定していた（第一四条の骨子）。

・破産宣告が下されたばあい、裁判所は可及的速やかに債権者集会を召集するものとする。

・この集会において債権者は適当な者を破産管財人に任命するものとする。

・この集会において債権者は管財の方法について指示をあたえることができ、破産管財人はこの指示にしたがうものとする。

たとえば、イギリス会計学の祖、ともされる勅許会計士F・W・ピクスリィ＊6が著わした *The Profession of a Chartered Accountant*（一八九七年）によれば、破産処理における全権を債権者にあたえたこの一八六九年の破産法は（たぶん、会計士としてのピクスリィにすれば）「申し分のない《パーフェクト》」ものだった。

もたらされたのは会計士の仕事の大幅な増加だった。

官選破産財産譲受人が廃され、破産管財人が設けられた結果、会計士は媒介者を通じてではなく、直接、破産管財人に任命され、債務者の財産を管理することができた。

媒介者の除去はより多くの破産関係業務を会計士業にもたらしたのだった。

腐肉にむらがるカラス

そうしたなか、ただしまた、破産関係の仕事にはいくつかの問題があった。

かつて《イングランド&ウェイルズ勅許会計士協会》の会長職にあった〈クーパー・ブ

ラザーズ&Co.〉のE・クーパーは一九二一年の講演で一八六〇年代のことを次のように述懐している。

わたしたちのステイタスはひとに羨まれるようなものではありませんでした。

＊6　会計プロフェッションの祖国イギリスはまた、ときに「近代会計制度の祖国」とも呼ばれるが、さらにまた、これを「近代会計学の祖国」とも呼ぶことができるかどうかについては意見が分かれるだろう。たとえば資産評価論などといった類いの会計学はドイツに生まれ、イギリスには生まれなかった。

ただし、いずれにしても、イギリスにはいまだ一九世紀のうちに体系的な会計書を何冊もみることができ、まずはピクスリィの書があり、これにL・R・ディクシーの書（一二一頁の註記（＊9）をみよ）がつづく。まずは監査人の実務を体系的にまとめあげたこれらのテキストは、イギリス会計学の先駆、としてとらえられ、会計プロフェッションの祖国イギリスの会計学史はほとんど専ら実務のなかにある。

こうして、会計プロフェッションの祖国イギリスの会計学はいわば、会計士会計学、として生まれ、また、とりわけ監査論をもって嚆矢とした、ともされているが、そうした理解を受け容れるならば、このピクスリィをもって、イギリス会計学の祖、とすることもできる。一八八一年にロンドンで上梓されたピクスリィの ***Auditors: Their Duties and Responsibilities under the Joint-Stock Companies Acts and the Friendly Societies and Industrial and Provident Societies Acts*** はこれが、会計士会計学の嚆矢、とされるからである。

> ……会計士を探しているならベイジングホール・ストリートの破産裁判所に一番近い居酒屋にゆけばよい……と揶揄《やゆ》され……**ひとびとは会計士と話しているところやかれがオフィスに入ってくるところを他人にみられないようにしていました。**一八六六年の非常時には特にそうでした。

「一八六六年の非常時」。

イングランド銀行がライヴァル視するほどの巨大金融機関〈オヴァレンド、ガーニィ&Co.〉が支払い停止を余儀なくされたのは一八六六年五月のことだった。この支払い停止は金融恐慌をもたらしたが、会計士にとっては稼ぎどきだった。

また、一九五八年に刊行された〈デロイト、プレンダー、グリフィスズ&Co.〉＊7の所史は次のように述べている。

> **破産という厭《いと》わしいものへの関与**は会計士に世評の低さをもたらしていた。……デロイトの或る事務員は破産者から事情を聴くためにニューゲイトの監獄へゆかなければならなかった。

或る判事が次のように嘆いたのは一八七五年のことだった。

破産にかかわるすべての仕事が会計士と称される無知の輩《やから》の手にゆだねられてしまっている。これはこれまでの法における悪弊の最たるもののひとつである。

諸法によって破産関係の仕事が増加をみた結果、専門的な技倆の欠片《かけら》もないようなひとびとまでもが会計士をもって自ら任じはじめ、そうした似而非会計士《まやかしの》がもたらす弊害はただでさえ「破産という厭わしいものへの関与」による世評の低さに悩む会計プロフェッションをさらに悩ませることになった。

スコットランドの会計士も、破産によって稼ぐ者、という烙印を捺《お》されていた。この国の会計士がグラスゴウの雑誌『ベイリィ』に「**腐肉にむらがるカラス**」と譬喩《ひゆ》されたのは

＊7　この事務所の名称は、〈W・W・デロイト〉(一八四五年〜)→〈デロイト&グリーンウッド〉(一八五七年〜)→〈デロイト、グリーンウッド&デヴァー〉(一八六二年〜)→〈デロイト、デヴァー、ホレボウン&Co.〉(一八六七年〜)→〈デロイト、デヴァー、ホレボウン&グリフィスズ〉(一八六九年〜)→〈デロイト、デヴァー、グリフィスズ&Co.〉(一八七三年〜)→〈デロイト、プレンダー、グリフィスズ&Co.〉(一九〇五年〜)……、と変遷している。

一八七八年の非常時においてだった。

「一八七八年の非常時」。

スコットランドにあって最多の支店数を誇るシティ・オヴ・グラスゴウ銀行が支払い停止を余儀なくされたのは一八七八年一〇月のことだった。会計士にとってはこれまた稼ぎどきだった。『ベイリィ』いわく、「勅許会計士の団体が今秋のように豊かな収穫を手にしたことは終《つい》ぞない」（もっとも、この『ベイリィ』はつねにシニカルな論調で知られ、たとえば司法プロフェッションについても「法曹は十中八九が悪党である」と断じている）。

クーパーはまた、報酬の少なさについても述懐している。

会社法に添えられた官選清算人の報酬表は不当なものでした。官選清算人については八時間、すなわち一日あたり一ポンド、また、事務員については一時間あたり一シリングという少なさでしたが、これが会計士のサーヴィスにたいする当時の評価でした。

報酬にかんしてはほかにも問題があった。

たとえばロンドンの或る会計士のばあい、かれが手掛けていた仕事はその大半が債務者にかんする計算書類の作成だったが、問題は報酬の支払いだった。報酬は減免された債務によって支払われるか、債務者の友人の援助によって支払われるかのどちらかだったが、結局、かれは報酬の多くを貸し倒れとして処理しなければならなかった。困り果てたかれは、報酬が支払われるまでは計算書類を引き渡さない、という策を採ったが、これも根本的な解決策というわけではなく、たとえばサヴィル・ロウの或る仕立て屋にかんする計算書類を作成したさいの**報酬は、コート一着、チョッキ一着、だった。**

さらにまた、破産関係の仕事には、景気に左右される、という不安定さもあった。

破産関係業務の二面性

破産関係の仕事は会計プロフェッションにとって、ふたつの面、いわばプラスの面とマイナスの面を併せもっていた。

既述のように、会計士業は破産関係の仕事を生い立ちの糧とし、会計士の専業化は主として破産関係の仕事がこれを可能にした。これがプラスの面だった。

他方、これも既述のように、「破産という厭わしいものへの関与」、あるいは「腐肉にむらがるカラス」。これがマイナスの面だった。

さらに、この仕事は会計士団体の誕生において、これもふたつの意味、いわば間接的な意味と直接的な意味を併せもっていた。

「破産という厭わしいものへの関与」による世評の低さに悩む会計士はそうした状態から脱け出す手段として団体を結成し、勅許を求めた。すなわち、破産への関与は団体設立の間接的な動機だった。

また、直接的な意味は《エディンバラ会計士協会》、その設立の動機にあった。《エディンバラ会計士協会》の設立、すなわち会計士団体の誕生をもたらしたのは一八五三年のスコットランド破産法だった。《エディンバラ会計士協会》が設立をみたのはこの一八五三年法を結果する破産法の改正、これが審議されていた最中《さなか》のことだった。スコットランドの会計士は自らに糧をあたえる破産法、その改正のなりゆきに大きな関心をもった。それだけでなくまた、これを自らに有利な方向へとみちびこうとした。そのために団体が結成されたのだった。事実、同協会結成後の最急務は立法への関与だった。代表団が組織され、法務総裁への働き掛けがなされた。

やがて成立をみたこの破産法はしかし、暫定的なものにしか過ぎなかったことから、こうした働き掛けはその後もつづけられ、その成果は一八五六年のスコットランド破産法だった。

たとえば、会計史の古典、とされる *A History of Accounting and Accountants*（一九〇五年）の編者として知られるスコットランドの会計士R・ブラウンはこの一八五六年法を絶讃している。「素晴らしい《エクセレント》」。

失われた破産関係業務

しかしながら、クーパーの述懐はつづく。

　一八八三年の法律は破産関係業務の激減をもたらしました。

一八八三年の破産法。

前述のように一八六〇年代の末葉に除かれた媒介者はこの一八八三年の法によって恢《かい》復され、たとえばパーカーによれば、「会計プロフェッションの確立の礎となった債権者のためにする破産関係の仕事は……その多くが一八八三年の破産法と……によって官吏の手に渡った」。一八八三年の破産法によって設けられたのは官選収益管理人《レシーヴァー》だった。

この破産法は官選収益管理人について次のように規定していた（第六六条の骨子）。

・商務省は適当な者を債務者の財産にかかわる官選収益管理人に任命することができる。
・官選収益管理人は商務省の管轄下に置かれ、同省の指示の下、行為するものとする。ただし、官選収益管理人は配属された裁判所の官吏である。
・官選収益管理人の数および担当地域は大蔵省の同意の下、商務省がこれを定めるものとする。

この破産法の成立後、やがてはじまったのは官選収益管理人の選任だった。

当初の候補者は一、九〇〇名を超え、商務大臣J・チェンバレンと商務省に設けられた官選収益管理人候補者銓衡推薦委員会によって選ばれた六九名の内訳は**表6**にしめされるとおり、会計士はわずか一五％弱にとどまっていた。

前出のピクスリィいわく、「一八八三年の破産法は会計士にたいする直接攻撃としか言い様がありません」。

また、これも前出の〈デロイト、プレンダー、グリフィスズ＆Co.〉の所史によれば、「会計士は……一八八三年の破産法の下、すこぶる儲けの多い破産関係の仕事を官吏に奪われ

表6　官選収益管理人の内訳

事務弁護士	38名
勅許会計士	10名
その他（町書記官，県裁判所主任書記官，県裁判所執行官，銀行支配人，元租税査定官など）	12名
不明	9名

るという憂き目に遭っていた」。

次は一八九〇年の会社（解散）法だった。

またもや商務省だった。詳細は割愛されるが、前述のように同省所轄の官選収益管理人はこの一八九〇年の会社（解散）法の下、会社の解散においても大きな任に当たるものとされ、すなわち、この会社法は一八八三年の破産法が破産について採用したものと同様の手続き、すなわち、会計士に仕事の激減をもたらす手続き、を解散について採用したのだった。

こうして「会計プロフェッションは二度にわたって大幅な後退を迫られました。一八八三年の破産法が制定をみた結果、従来は会計士の手中にあった実入りのよい仕事、その多くが官吏の手に渡りました。また、一八九〇年の会社法のもと、政府は強制清算について会計プロフェッションのそれと同様の役目を務めることとなりました」（《イングランド&ウェイルズ勅許会計士協会》の第二四代会長H・W・カービィの講演）。

また、パーカーによれば、「会計プロフェッションの確立の礎となった債権者のためにする破産関係の仕事は……その多くが一八八三年の破産法と一八九〇年の会社（解散）法によって官吏の手に渡った」。

監査の時代

（もう一度）しかしながら、クーパーの述懐はさらにつづく。

会計士はそれほど減りませんでした。

そこには監査という仕事があった。たとえば前出の**表3**にしめされる〈ウィニィ、スミス&ウィニィ〉の資料によれば、営業収入の内訳において、破産関係業務による収入が監査業務による収入にトップの座をゆずったのは一八九〇年代のことだった。やってきたのは監査の時代だった。

第二章

監査業務の擡頭

監査はどこから

通例、会計プロフェッションの仕事としては、既述のように、四種類のものが列挙されるなか、会計士の第一《まずもって》の仕事としては通例、監査こそが挙げられようが、ただし、古くからそうだったわけではない。

事実、たとえば第二章に紹介された〈ジェイムズ・マックレランド〉の開業広告は監査については何も述べていなかったし、また、これも第二章に紹介された《エディンバラ会計士協会》や《グラスゴウ会計士保険数理士協会》の勅許の申請書には、既述のように、監査への言及がまったくなく、さらにまた、一八五四年に《エディンバラ会計士協会》に授けられた勅許状や翌一八五五年に《グラスゴウ会計士保険数理士協会》に授けられた勅許状は、どちらも会計士の従事するさまざまな業務に言及していたが、やはり監査についてはひとこともなかった。

そうしたなか、この業務が会計士業の一翼を担いはじめたのはいつごろのことだったのか。また、会計士の第一の仕事として監査が挙げられるようになったのはいつごろのことだったのか。

表7　ロンドン証券取引所における上場会社の内訳（1842年）

業　　種	会　社　数	払い込み済み株式資本（£）
鉄　　道	66	47, 286, 551
銀　　行	417	26, 000, 000
保　　険	?	25, 105, 263
運　　河	59	14, 362, 445
鉱　　山	105	10, 964, 833
ド　ッ　ク	8	9, 280, 087
ガス，ガス灯，コークス	27	3, 662, 290
水　　道	11	2, 145, 235
橋　　梁	4	2, 093, 874
そ　の　他	58	9, 221, 112

鉄道会社

まずは鉄道会社だった。

パーカーによれば、「単なる監査ではなく、専門的で独立の立場からする監査、これが最初に必要とされたのは鉄道会社においてであった」。

鉄道業は一九世紀イギリスの諸産業のなかにあってずば抜けて大きな規模をもち、また、鉄道会社は、その大半がロンドン証券取引所、そして一八三〇年代以降、相ついで設立された地方の証券取引所に株式を上場していた。

表7にしめされるように、一八四二年現在、ロンドン証券取引所における上場会社の払い込み済み株式資本（およそ一億五、〇〇〇万ポ

ンド）に占める鉄道会社のそれの割合はおよそ三一％にものぼっていた。

銀行は鉄道建設にあって大きな役割を果たすことがなく、他方、いわゆる鉄道ブーム（一八三〇年代の後半と一八四〇年代の後半にみられた鉄道建設のピーク）における資金調達は主としてロンドン証券取引所でおこなわれた。

そこにみたのは資本と経営の分離の進行、遥《経営に関与しない》有株主の増加だった。鉄道会社の株主たちは自分たちを不労所得者《ランティエ》とみなし、経営はこれをいわゆる専門《プロフェッショナル》経営者の手にゆだねていた。専門経営者は多くのばあい、わずかな株式しかもたず、したがってまた、遥有株主たちとはかならずしも利害を共にしなかった。

監査が必要だった。

鉄道会社のばあい、監査は早期からおこなわれてはいたが、その担い手はいわゆる株主監査人だった。

株主監査人vs.会計士監査人

鉄道会社はいわゆる個別法＊１によって設立されていた。

たとえば「〇〇から××を経由して△△にいたる□□鉄道を設立するための法律」など

といった正式名称をもち、また、一般に「□□鉄道法」などと略称されるこの個別法には監査人の選任にかんする規定が設けられてはいたが、そこに意図されていたのは飽くまでも、株主監査人、だった。

すなわち、**監査人は株主でなければならない**、ということだった。

事実、たとえば一八三九年のウェストーダラム鉄道法は監査人にたいして、五株以上の所有、を求め、また、一八四二年のニューーカッスル&ダーリントン・ジャンクション鉄道法は、取締役に求められる持ち株数と同数以上の株式所有、を監査人の資格要件としていた。

また、いわゆる公益事業会社について設けられた一八四五年の会社約款統一法はその対象の多くが鉄道会社だったが、従前の個別法の集大成として設けられたこの法は、監査人はその会社の株主であることを要する、としていた。この規定が廃されるまでにはおよそ四半世紀を要し、鉄道会社の監査人に株式所有を求めることをやめたのは一八六八年の鉄道規制法だった。

＊1　ここにいう、個別法、とは、ひとつひとつの会社を設立するために（ひとつひとつ）設けられる法律、のことである。

どうして、株主監査人、だったのか。

それは、自分の財産にかかわる私的な動機をもつ株主こそが監査人に適任、と考えられていたからだった。

すなわち、**自分の財産にかかわることだから、一所懸命、真剣に監査をやるだろう**、ということだった。

こうした株主監査人はしかしながら、そのほとんどが専門性を欠き、たとえばピクスリィによれば、「会計士がたまたま株主であるか、あるいはまた、監査人の資格を得るためにわざわざ株式を購入しない限り、株主たちはまったくのアマチュアを監査人に任命せざるをえなくなる」おそれがあった。

このように、私的な動機をもつ監査人と専門性をもつ監査人のあいだにはいわばトレイドｰオフの関係があった。

監査人に株式所有を求めることの是非は早くから論議されていた。

たとえば一九世紀半ばのシティ（ロンドンの金融街）にあって最も高名な会計士事務所〈クィルター、ボール＆Co.〉＊2の創立者で、のちに《ロンドン会計士協会》の初代会長を務めることになるW・クィルターが鉄道会社の監査にかんする上院の特別委員会で証人を務めたのは一八四九年のことだった。証人にはグレイト・ウェスタン鉄道の会長C・ラッセルも名を列《つら》ねていた。論点のひとつは株主監査人の長所、短所にあった。自らも利害関係をもつ監査人は合理的な調査をおこなう、として株主監査人のメリットを強調したのはラッセル、他方また、そのデメリットを強調したのはクィルターだった。

クィルターによれば、現行の監査は実効がなかった。株式所有が監査人の資格要件とされていることが問題だった。むしろ、株主ではないことを監査人の資格要件とすべきだった。鉄道会社の監査には高度な緻密さが要求され、その担い手には、会計士こそ適任、だった＊3。

＊2　この事務所は数度の改称を経て一九一八年に〈デロイト、プレンダー、グリフィスズ＆Co.〉に吸収されている。

＊3　こうしたクィルターの証言をもたらしたのはかならずしも、会計士としての思惑〈利己的な意図〉、だけではなかった。この証言は当時、発覚をみた鉄道会社における会計上の不正、これにかかわるクィルターの経験に依拠していた。

〈クィルター、ボール＆Co.〉は鉄道会社における不正な会計処理にかんする調査を数多く手掛けていた。最も注目されたのは「鉄道王」と称されたG・ハドスンに率いられたイースタン・カウンティーズ鉄道の調査だった。ハドスンは費用とすべき支出を設備資産への投資として処理していた。その結果は利益の過大計上だった。こうした会計処理上の不正を暴き出すには会計士の力が必要だった。

やがて会社法は専門性をもつ監査人を選択するにいたったが、まずは消極的な選択にしか過ぎなかった。

一八五六年の株式会社法では、監査人は株主であることを要しない、とされ、また、一八六二年の会社法においては、監査人は株主であってもよい、とされた。

監査人の専門性が会社法上、積極的に求められるにいたったのは一九四七年のことだった。後述されるように、監査人を特定の会計士団体のメンバー（特定の会計士）等に限定したのは一九四七年の会社法だった。

会計士の出番

さて、前述のように、鉄道会社のばあい、監査は早期からおこなわれてはいたが、その担い手は株主監査人だった。

株主監査人は概して役に立たなかった。

鉄道会社をめぐる不正事件は少なくなかったが、株主監査人は虚偽を看破できなかった。株主監査人はそのほとんどがアマチュアだったからだった。

会計士《プロフェッショナル》の出番だった。

会計士に監査業務をもたらしたのは鉄道会社だった。

これも前述のように、一八四五年の会社約款統一法は、監査人はその会社の株主であることを要する、としていたが、ただしまた、他方、監査人は適当な会計士等を会社の費用負担をもって雇用することができる、と規定し、専門的な技倆をもつ者が監査人の補助者を務めることを認めていた。

自分の財産にかかわる私的な動機をもつことによる株主監査人のメリットを活かす一方、アマチュアであることによるそのデメリットを補う、ということだった。

鉄道会社の重要性

たとえば前出のW・W・デロイトの事務所の基礎を築いたのはデロイトとグレイト・ウェスタン鉄道の関係だった。

この関係がはじまったのは一八四九年のことだった。グレイト・ウェスタン鉄道の同年一二月三一日づけの計算書類には監査人の署名とともに「W・W・デロイト、会計士」というそれがあった。

そこにデロイトの署名をもたらしたのは株主たちの声だった。株価の低迷を憂える株主たちは経営にたいする関心を強め、取締役会に不信の念を抱くにいたっていた。監査人がデロイトを自分の補助者に任命したのは自らもまた株主だったからだった。株主監査人のメリットだった。

この任命は会計士事務所〈W・W・デロイト〉に箔をつけた。グレイト・ウェスタン鉄道の名はこの上ない宣伝材料だった。次々とやってきたのは破産関係の仕事だった。今後の処理はかのグレイト・ウェスタン鉄道の仕事を手掛ける会計士にゆだねたい。そう考える破産者は少なくなかった。

増えつづける仕事は個人事務所形態では捌き切れないほどの量になっていた。デロイトはパートナーシップ形態の採用を考えていた。そうしたなか、かれがT・グリーンウッドと出遇えたのも、グレイト・ウェスタン鉄道のおかげだった。デロイトはグレイト・ウェスタン鉄道の株主記録課長を務めていたグリーンウッド、その鉄道会社における経験を買った。鉄道関係の仕事は何よりも重要だった。グリーンウッドが八〇〇ポンドの出資をもってパートナーに就任、所名が〈デロイト＆グリーンウッド〉へと改められたのは一八五七年のことだった。

なお、〈デロイト、プレンダー、グリフィスズ＆Co.〉の所史によれば、当時、「事務所関係の書簡はその大半がパディントン駅において書かれていた。パートナーたち〈デロイトとグリーンウッド）がかれらの時間の多くをグレイト・ウェスタン鉄道の計算書類にかんする仕事に費やしていたからであった」。

何を措いても鉄道関係の仕事だった。

不正事件

一八六〇年代以前には監査人の大半が会計士ではなかった。大概の監査人は専門的な技倆を欠くだけでなく、ほかに本業をもっていた。**監査は所詮、片手間の仕事にしか過ぎなかった。**アマチュア監査人は年に数回、その会社を訪れ、書類を一瞥していた。そのやり方はきわめてぞんざいだった。監査はいわば表面的なものにしか過ぎなかった。

そうした監査は当然に実効がなかった。

その一例はグレイト・ノーザン鉄道の株主記録係L・レッドパスによる横領事件だった。これは一八五〇年代にあって最も耳目《じもく》を惹《ひ》いた不正事件だった。レッドパスは二五〇ポンドないし三〇〇ポンドといわれる年俸からすると身分不相応な生活を営んでいたが、その豪奢な暮らしは巨額の横領によって立てられていた。かれの不正が発覚をみたのは一八五六年のことだった。

しかしながら、この鉄道の監査人二名は同年八月七日づけの報告書において、依然、悠長に次のように述べていた。


計算書類と帳簿はすべての部門について申し分ありません。


かれらは配当額と株式数の矛盾には以前から気がついていたが、これをもって自分たちの仕事とはまったく無関係とみなしていた。アマチュア監査人の無意味さ、これが槍玉に挙げられたのは翌年三月の株主総会においてだった。

なお、この事件もまた、デロイトの名を高めた。レッドパスの不正が発覚をみたのち、グレイト・ノーザン鉄道の監査人はデロイトに事件の詳細を調査させることとし、また、グレイト・ウェスタン鉄道とランカシャー&ヨークシャー鉄道の取締役会も、株主の不安を鎮《しず》めるため、デロイトに株主記録簿を調査させたからだった。

デロイトの調査は犯人を明らかにし、また、再発防止策を講ずるのに役立っただけでなく、不安を抱いていた株主をして問題が完全に解決をみたことを納得させるものだった。

会計士監査へ

監査業務が会計士業の一翼を担いはじめたのは一八六〇年代の末葉ないし一八七〇年代のことだった。

既述のように、一八四五年の会社約款統一法は監査人に株主であることを要求していたが、この要求を廃したのは一八六八年の鉄道規制法だった。

ピクスリィによれば、会計士にとって「これは好ましい方向への一歩であった」。

次の一歩は一八七九年の会社法だった。

ピクスリィの *Auditors*（第一〇版、一九一〇年）が「勅許会計士にとって重要性をもつ最初の法律」とするこの会社法は或る不正事件の所産だった。

（グレイト・ノーザン鉄道におけるレッドパスの事件をはじめ）鉄道会社をめぐる不正事件は少なくなかったが、むろん、不正は鉄道においてだけではなかった。たとえば一八五七年と一八六六年の金融恐慌は銀行におけるさまざまな不正をともなっていたが、この世紀にあって銀行の不正事件といえば、何を措いてもシティ・オヴ・グラスゴウ銀行の事件だった。

そして、いわばこの事件がつくった法が一八七九年の会社法だった。

無限責任会社の粉飾倒産

前章に述べられたように、スコットランドにあって最多の支店数を誇るシティ・オヴ・グラスゴウ銀行が支払い停止を余儀なくされたのは一八七八年のことだった。

この銀行は、無謀な投機的経営によって、莫大な不良債権と債務を抱えるにいたっていたが、そうした実態はいわゆる粉飾決算によって隠蔽《いんぺい》されていた。

この粉飾倒産によって、シティ・オヴ・グラスゴウ銀行の株主たちはその多くが破産に追い込まれ、いわば悲劇の主人公となったが、それはこの銀行が無限責任会社だったからだった＊4。

また、この銀行における粉飾はその手口自体はきわめて稚拙なものだったが、そうした粉飾が可能だったのはいわゆる独立監査（独立性をもった監査人による監査）がおこなわれていなかったからだった。

そして、この倒産事件においてしめされたふたつの問題（無限責任の問題と独立監査の問題）の解決策として設けられたのが一八七九年の会社法だった。

この会社法は無限責任会社の有限責任会社化を容易にし、また、爾後、有限責任会社として登記されるすべての銀行に独立監査を強制していた。

同法の発効後、銀行における独立監査は急増をみ、しかも、その多くが会計士による監査だった。既述のように、この一八七九年法は「勅許会計士にとって重要性をもつ最初の法律」ともいわれる。

ただしまた、しかしながら、ここにみられた銀行における独立監査の導入は、まずはこの会社法の要求とは無関係になされたことだった。

すなわち、一八七九年法が独立監査を強制したのは一部特定の銀行にたいしてだけだったが、シティ・オヴ・グラスゴウ銀行の事件は（この銀行だけの問題にとどまることなく）銀行業界全体の信用低下をまねき、諸銀行、とりわけスコットランドの諸銀行の株価は急落、そうしたなか、スコットランドの諸銀行はこの会社法の要求とは無関係に独立監査を導入、

＊4　ただし、当時、無限責任形態の採用は何もこの銀行においてだけのことではなかった。銀行家の多くは、銀行の信用は株主の無限責任こそがささえている、と信じ、したがって、銀行の多くは無限責任株式会社だった。

蛇足ながら説明すれば、債権者（預金者）の立場から無限責任形態と有限責任形態を較べたばあい、その会社（銀行）の財産だけでなく、株主たちの個人的な財産までもが担保になっている、という意味において、無限責任形態のほうが安全で安心、ということである。

これはただちに株価の回復をもたらすにいたったのだった。

こうした諸銀行の行動をもたらしたのはシティ・オヴ・グラスゴウ銀行の株主たちの悲劇がもたらした社会的情況、すなわち、監査がおこなわれなければ株主が納得しない、という社会的情況だった。

この株主たちの悲劇は、むろん、無限責任形態によってもたらされたものだったが、また、監査がおこなわれていなかったことによる粉飾、これもその原因だった。すなわち、監査がおこなわれていなかったことによる粉飾がこの事件の規模（不良債権や債務の額、すなわち株主たちが負担しなければならなくなった、いわゆる追加出資の額）を増大させていた。すなわち、この銀行の無謀な経営はいわば粉飾によってささえられていた。もしも粉飾がおこなわれていなければ、この銀行は早期に破産していただろうし、また、その損害にしても遥かに少額だっただろう。

このように、ひとびとが目にしたシティ・オヴ・グラスゴウ銀行の株主たちの悲劇、監査がおこなわれていなかったことによる悲劇は、監査がおこなわれなければ株主が納得しない、という社会的情況をもたらすにいたっていた。

しかも、ここで諸銀行が導入したのは会計士による監査だった。

すなわち、そこにあったのは、**会計士による監査がおこなわれなければ株主が納得しな**

い、という社会的情況だったし、また、そうした社会的情況をもたらしたのは、早くに生成をみていたスコットランドの会計プロフェッションの存在、だった。

会計士というプロフェッショナルの存在を知るひとびととすれば、会計士による監査でなければ納得できない、ということだった。

他方、イングランドでは多くの銀行が一八七九年の会社法の規定をつかって有限責任会社化の上、独立監査を導入し、たとえば《イングランド&ウェイルズ勅許会計士協会》設立後の或る資料によれば、およそ三分の二の銀行において会計士による監査がおこなわれるにいたっていた。

監査の時代

たとえば一八八〇年の《イングランド&ウェイルズ勅許会計士協会》にたいする勅許状は会計士の業務を次のように列挙している。

・清算人の仕事
・収益管理人の仕事

・破産管財人の仕事
・信託にかかわるさまざまな仕事
・公開会社およびパートナーシップの計算書類の監査
・その他

「その他」を除けばどん尻とはいえ、ここにようやく監査への言及をみることができる。

また、たとえば一八八〇年代の半ばに刊行された勅許会計士志望者のためのガイドブックは会計士の業務を次のように列挙している。

・計算書類の監査
・破産管財人の仕事
・清算人の仕事
・遺言執行者等のためにする会計士の仕事
・仲裁人の仕事
・パートナーシップ等にかんする計算書類の作成ならびに紛争の解決および不正の発見等のためにする計算書類の調査

・これらに附随するさまざまな仕事

いまや監査が筆頭だった。

そして、すべての会社に監査を強制したのは一九世紀最後の年、一九〇〇年の会社法だった。

アマチュア監査の時代はすでに終わっていた。

この一九〇〇年法によって任命された監査人はその大方が会計士だった。

失われなかった監査業務

前章に述べられたように破産関係の仕事はその多くが官吏の手に渡り、会計士の手から失われたが、他方、破産関係の仕事に取って代わった（破産関係業務の代わりに会計士の主要業務となった）監査という仕事は官吏の手に渡ることなく、依然として会計士の手中にある。

敷衍すれば、**債権者のためにする**破産関係の**仕事は公的な干渉を受け**、**株主のためにする**監査という**仕事は公的な干渉を受けなかった**ということである。

たとえばパーカーはこれについて「何ゆえに議会は株主にかかわる事柄よりも債権者に

かかわる事柄のほうに干渉することとしたのであろうか？　確かなことは分からないが、いくつかの理由が考えられる」として次の数点を挙げている。

・株主はすでに有限責任制度によって保護されていた。
・監査は破綻していない企業においておこなわれるが、そうした企業の株主は自らを守るために公的な干渉が要るとはおもっていなかった。
・公的な干渉の必要性は、単に危機が生ずる可能性があるばあい（監査がおこなわれている情況）、よりも、すでに危機が生じているばあい（破綻している情況）、のほうが大きい。
・債権者より株主のほうが企業の情報を多く入手することができるため、債権者よりも株主のほうが損害を被る原因が自分の愚かさにあることが多い。

第四章

税務と経営コンサルティング

表8　営業収入ランキング上位10事務所の営業収入の内訳

収入源	監査業務および会計業務（%）	税務業務（%）	経営コンサルティング業務（%）	破産関係業務（%）	その他（%）
1991年	46	24	18	10	2
1992年	45	24	18	12	2
1993年	43	24	19	13	2
1994年	42	24	18	13	4
1995年	39	24	25	9	4

税金にかんする仕事

イギリスの大手会計士事務所が初めて営業収入の内訳を公表したのは一九八六年のことだったが、このときの公表資料によれば、同年の営業収入ランキングのトップ・テン事務所の営業収入において税務業務による収入の占める割合は平均一九％強、たとえば〈アーサー・アンダーセン&Co.〉にいたっては二七％にものぼっていたし、また、その後の情況をしめす**表8**によれば、トップ・テン事務所の営業収入において税務業務による収入の占める割合は二四％となっている。

しかしながら、税務業務は以前から近年におけるように会計士業の一翼を担っていたわけではない。

会計プロフェッションが確立をみた**一九世紀イギリス、そこにおける税務業務はさほど重要な存在ではなかった。**

税金にかんする仕事が会計士にとって今日におけるような重要性をもちはじめたのは第一次世界大戦時、戦費調達を目的とする超過利得税の導入と所得税率の引き上げがおこなわれてからのちのことだった。

イギリスの租税収入において間接税による収入の占める割合は近年でもかなり高いが、第一次世界大戦前のイギリスにあって直接税はきわめて影の薄い存在だったし、他方、間接税は会計士に多くの仕事をあたえる存在ではなかった＊1。

所得税

イギリスで初めて所得税制が設けられたのは一七九九年のことだった。ナポレオン戦争が勃発、ときの首相W・ピットはその戦費を所得税という新税で賄うことにしたのだった（一七九九年の所得税法）。

なお、これは近代所得税制の嚆矢とされるべきものだった。ここに誕生をみた近代所得

＊1　蛇足ながら説明すれば、税金にかんして専門家の助力が必要とされるのは、①申告書の作成等がややこしいばあい、②税負担が大きく、節税策を講ずる必要があるばあい、であり、また、①において専門家の助力が必要とされるのは通常は直接税についてである。

税制は一九世紀のうちに進化をみ、二〇世紀の初頭までには各国に伝播、多くの国々で租税制度の中心として位置づけられるにいたるのだった。

ただしまた、このピット政権の所得税制は賦課の方法などにかんして不備な点も多く、ピットが首相の座をH・アディントンにゆずったのち、一八〇二年のアミアンの和約による束《つか》の間の平時に廃されることになったが、戦争の再開は翌一八〇三年、アディントン政権にピット政権のそれとは異なるより近代的な所得税制を設けさせた（一八〇三年の所得税法）。

このアディントン政権の所得税制も一八一六年に廃され、所得税はその後、およそ四半世紀間にわたって課されることがなかったが、R・ピールの政権下、関税率の引き下げによる歳入減を補うべく一八四二年の所得税法をもって復活し、現在にいたっている。

取るに足りない存在

第一次世界大戦前の所得税率はかなり低かった。

最も高かったのは一七九九年～一八〇二年と一八〇七年～一八一六年の税率だったが、これとて一〇%にしか過ぎなかったし、また、一八四二年の所得税法が制定されてからのちについてみたばあいの最高税率は一八五六年〜一八五七年のおよそ六・六七％（この若干の高さはクリミア戦争の所為《せい》）、その次に高かったのは一九〇三年の六・二五％（この若干の高さはボーア戦争の所為）だった。

他方、第一次世界大戦前にあって最も低い税率は一八七五年〜一八七六年のわずか〇・八三％強だった。

たとえば〈デロイト、プレンダー、グリフィスズ＆Co.〉の所史いわく、「税務業務にかんする記録はほとんどないが……所得税率が一ポンドあたり二ペンス（〇・八三％強）にしか過ぎなかったことからすれば、これは驚くべきことではない」（（　）書きは筆者）。

所得税は納税義務者＊2本人にとってさえ、したがってまた、会計士にとってはなおのこと、まずは**取るに足りない存在だった。**

＊2　本書はこの「納税義務者」という語を数か所でつかっているが、なかには「担税者」ないし「納税者」としたほうが適当かもしれない件もある。ただし、「納税義務者」という語がつかわれている件はいずれも直接税（所得税、超過利得税）について述べていることから、まずは［担税者　＝　納税義務者］とみることができ、また、いずれも源泉徴収等のばあいには言及していないことから、まずは［納税者　＝　納税義務者］とみることもできるため、むしろ、ややこしさを避けるべく、あえて「納税義務者」という語に統一されている。

擡頭の兆し

情況が変わりはじめたのは二〇世紀初頭のことだった。

一八九四年に導入され、一九〇三年に税率の引き上げをみた遺産税は、これにかかわる計算がすこぶる複雑なものだったことから、会計士にかなりの利益（仕事）をもたらしたし、また、ボーア戦争による所得税率の引き上げは会計士が所得税関係の仕事を手掛ける機会を（徐々にとはいえ）増やしていった。

たとえば〈プライス・ウォーターハウス〉＊3の所史（一九九五年）いわく、「会計士は入念に練られた節税策をしめすことによってクライアントの負担を著しく軽減することができた」。

企業の多くはすでに所得税について会計士の助けを借りていた。所得申告書＊4の作成には往々にしてかなりの複雑さがともない、専門的な知識を必要としていた。たとえば一九〇二年現在、所得税率（標準税率）はいまだ五・八三％強にしか過ぎなかったとはいえ、過去一〇年間におけるその引き上げ率はおよそ一三三％にものぼり、いきおい節税の必要が意識されはじめていた。節税のための助言者には会計士が最適任だった。会計士ほど税務に通じた者は内国歳入庁の官吏を措いてほかになかった。
なお、《エディンバラ会計士協会》、《グラスゴウ会計士保険数理士協会》、《アバディーン会計士協会》の三団体は一八九二年にスコットランド勅許会計士共通試験委員会を設け、爾来、共通試験を実施していたが、その最終試験に所得税関係の科目が導入されたのは一九〇六年のことだった。

なお、蛇足ながら附言すれば、「担税者」とは（文字どおり）、税を負担するひと、のことで、たとえば所得税のばあいには、前述のように、イコール納税義務者、となり、また、「納税義務者」は（これも文字どおり）、税を納めなければならないひと、のことで、たとえば所得税のばあいには、申告納税者、や、源泉徴収をされる者、などがこれに該当し、さらにまた、「納税者」は（これまた文字どおり）、（実際に）税を納めるひと、のことで、たとえば所得税のばあいには、申告納税者、や、源泉徴収によって納税する法人、などがこれに該当する。

＊3　一八四九年に〈サミュエル・ロウェル・プライス〉として設立されたこの事務所は数度の改称を経たのち、〈プライス、ウォーターハウス＆Co.〉（一八七四年〜）→〈プライス・ウォーターハウス〉（一九四〇年〜）→〈プライス・ウォーターハウス〉（一九八一年〜）、と変遷し、一九九八年に大型合併によって〈プライスウォーターハウスクーパーズ〉となった。

＊4　イギリスで申告納税方式が導入されたのは一九九七年のことだったが、それ以前の賦課課税方式においても、納税義務者は賦課の参考資料として申告書を提出しなければならなかった。

第一次世界大戦

会計士に**税務業務の大幅な増加をもたらしたのは第一次世界大戦だった。**たとえば〈ウィニィ、スミス&ウィニィ〉のばあい、**表9**にしめされるように、税務業務による収入はこの大戦期とほぼ重なる五年間（一九一五年〜一九二〇年）に優に二〇〇%を超える伸びをみせ、おそらくこれは他の事務所でも同様だった。

この大戦期にあってイギリスの租税収入はどの税についても大幅な伸びをみせているが、とりわけ直接税による収入の増加には目を瞠《みは》るべきものがあった。この大戦はその戦費調達の必要から課税の強化をみちびいたが、この強化は超過利得税の導入と所得税率の引き上げによっていたからだった。

なお、この超過利得税は、戦時ゆえに余分に儲かったばあい（平時よりも大きな利益を上げたばあい）、その余分の儲けに高率でもって課される税、だった（一九一五年の財政（第二）法）。

新税と税率の引き上げは、むろん、納税義務者にとっては節税の必要度を高め、したがって、節税のための助言者としての会計士の必要度を高めることになったが、他方、課税の

表9　〈ウィニィ，スミス&ウィニィ〉の税務業務による収入

	額（£）	営業収入において占める割合　（%）
1905年	17	—
1910年	158	—
1915年	393	1
1920年	1,319	2
1925年	3,719	5
1930年	3,570	6
1935年	2,831	6
1939年	3,702	6
1945年	6,733	8
1950年	17,040	11
1955年	28,058	14
1960年	38,009	11

強化はいきおい税務の増加をともない、これは納税義務者と当局の双方をして会計士の助けを必須のものとさせていた。

大量で、しかも、まえにも益《ま》して複雑なものとなったさまざまな税務、これを捌き切るには会計士の手伝いが不可欠だった。当局は会計士の関与に価値を認めるにいたっていた。厖大な査定の仕事は専門家の手を借りて作成された不備のない資料あってこそ速やかに熟《こな》すことができ、したがってまた、国の存続に必要な徴税は会計士の存在あってこそ遅滞なくおこなうことができた。

こうした情況下、会計プロフェッションにもたらされた利益は仕事の増加がそのすべてではなかった。許多の会計士が

納税義務者と当局のあいだにあってその専門的技倆を存分に発揮、これはこのプロフェッションの威信を大いに向上させていた。

ただしまた、会計士はいささかむずかしい立場に置かれていた。いま述べられたような情況は当局をして会計士を信頼させるにいたっていた。当局の信頼は決して裏切るわけにはゆかなかった。したがって、クライアントの虚偽に手を貸すなどといったことは言を俟《ま》たず、クライアントに欺かれるようなこともあってはならず、つねに十分で正確な資料を当局に提供しなければならなかった。しかしながら、ときに会計士は微妙な判断を迫られていた。クライアントについて知りえた事実はこれをどこまで当局に知らせるべきか、ということだった。

税制の転換

税務業務が会計士業の一翼を担いはじめたのは戦間期（両世界大戦のあいだの時期）のことだった。前述のように第一次世界大戦期に大幅な引き上げをみた所得税率は爾来、決して戦前並みの低さには戻らず、これは税制の転換を意味していた。直接税を主役とする時代、その幕開けだった。

いよいよ増えたのは会計士の出番だった。たとえば〈ウィニィ、スミス&ウィニィ〉のばあい、**表9**にしめされるように、営業収入において税務業務による収入の占める割合はこの時期、初めて五%といういわばそこそこ有意な水準に達し、また、いくつかの事務所でこの業務を専門とする独立のセクション（税務部）が創設をみたのはこれも戦間期のことだった。

ただしまた、当時の会計士事務所にあって税務のスペシャリストはいまだかなり特殊な存在だった。たとえば〈プライス、ウォーターハウス&Co.〉の税務部を率いていたH・E・シードは勅許会計士の資格も取得していたが、この事務所には、パートナーはジェネラリストか監査業務に従事しうる者に限る、とする仕来たりがあったため、パートナーの地位を得ることは叶わなかった。

その後、第二次世界大戦の勃発によってさらに増大をみた税負担（たとえば一九四二年～一九四六年の所得税率（標準税率）は五〇%だった）は税務を専門とする会計士の仕事を著しく増やし、したがって、会計士事務所におけるスペシャリストの地位を高めはしたが、**税務業務に会計士業における市民権をもたらすまでにはいたらなかった。**

国賊呼ばわり

他方、会計士にたいする当局の信頼が揺らいだのは第二次世界大戦期のことだった。その原因はいわゆる租税回避にあった。

租税回避は、むろん、以前からさまざまな方法によっておこなわれ、また、その可否はこれも以前から云々はされていた。ただし、従前の風潮は租税回避をかならずしも悪事とみなすものではなく、したがってまた、節税（適法で正常な方法による税負担の軽減）と租税回避（適法ながら異常な方法による税負担の軽減）の峻別は等閑《なおざり》にされていた。しかも、判例は概して租税回避を認めていた。国民には適法な方法によって税負担を軽減する権利がある、ということだった。

しかしながら、第二次世界大戦による課税の強化は租税回避の俄《にわ》かな著増をもたらした一方、戦時の租税回避は戦費調達を妨げる行為にほかならず、租税回避者はいわば国賊とみなされるにいたっていた。

こうした雲ゆきは租税回避者だけでなく、会計プロフェッションにとっても大問題だった。単純なものはいざ知らず、少なくとも手の込んだ租税回避は大概、会計士がこれに手を貸していたからだった。

とりわけ槍玉に挙げられたのは納税準備証券の購入による超過利得税の負担軽減だった。これは手の込んだ租税回避だった。非難の矛先はこの件に関与した会計士、さらには会計プロフェッション全体にも向けられていた。**下手をすると国賊呼ばわりだった。**

市民権の獲得

ただし、仕事は増えつづけていた。

たとえば〈デロイト、プレンダー、グリフィスズ&Co.〉の税務スタッフは日々過重労働を強いられ、また、〈プライス、ウォーターハウス&Co.〉はこれも税務部の人員不足に悩んでいた。

しかも、大戦期の高い税率は平時になっても変わることなく（たとえば所得税率は戦後、なおも引き上げをみている）、これは税務スタッフにますます多忙な日々を送らせていた。税務部はとうに一般化を果たし、ここに拡充の時期を迎えていた。

〈プライス・ウォーターハウス&Co.〉が税務のスペシャリストにパートナーの地位をあたえたのは一九六一年のことだった。

原価計算業務

第一次世界大戦がもたらしたのは税務業務の擡頭だけではなかった。パーカーによれば、「第一次世界大戦はこれまで徐々に発展をみてきていたほかのふたつの会計サーヴィス、すなわち税にかんする助言と原価計算を舞台の前面に立たせた」。

第一次世界大戦は会計士と政府のあいだに密接な関係をもたらしていた。この大戦は政府をして繁《しげ》く会計士をつかわせていた。政府関係の仕事に携わった会計士たちは存分の働きをみせ、その専門的技倆の価値の高さを遺憾なく政府に知らしめていた。

この戦時中、政府関係の仕事に従事していた会計士は枚挙に遑《いとま》がなく、その活躍の場はさまざまな官庁にわたっていたが、そうしたなか、とりわけ軍需省における会計士たちの働き振りには瞠目《どうもく》すべきものがあった。たとえば一九一八年現在、同省に籍を置く会計士はおよそ三四〇名にものぼり、また、会計士の仕事はその多くが軍需品の製造原価にかかわるものだった。戦費節減の必要は軍需品についてその正確な原価計算を必要とし、その担い手には会計士を措いて適任者はなかった。会計士はときにたとえば軍需品原価計算局長などといった重要なポストをあたえられた。

こうして第一次世界大戦は会計プロフェッションの発展にとってすこぶる大きな意味をもった。ひとつは税務業務にかんして、もうひとつは原価計算業務にかんしてだった＊5。この戦時中、政府関係の仕事に携わった会計士の多くはこのとき初めて原価計算に深く関与したからだった。

一九世紀にあって「会計プロフェッションの指導者たちは当初、原価計算を高く評価していなかった」（パーカー）。原価計算というものを低くみていた勅許会計士らは、**あのようなものは自分たちの仕事ではない**、と考えていた。「当時、公共会計士の大多数は主として銀行、保険会社、鉄道会社、水道会社、船渠会社、ないし鉱山会社をクライアントとし、監査の仕事においてさえも、メイカーと関係をもつことは滅多になかった」（パーカー）。

このような原価計算にたいする認識を改めさせたのは第一次世界大戦だった。原価計算にかかわる**重要なポストは勅許会計士らの原価計算観を変えた。**

さらにもうひとつはステイタスにかんしてだった。

＊5　要するに、戦争にはカネが掛かるということがこのふたつの仕事をもたらしたのだった。敷衍すれば、戦争にはカネが掛かるため、収入を増やすべく増税がなされ、このことが税務業務をもたらし、また、戦争にはカネが掛かるため、支出を抑えるべく原価計算が重視され、このことが原価計算業務をもたらした。

表 10 〈プライス・ウォーターハウス〉における
経営コンサルティング業務の規模

	この業務による収入額(£1,000)	営業収入においてこの業務による収入の占める割合(%)	この業務に従事するスタッフの数
1980年	2,072	6	152
1982年	4,598	9	218
1984年	9,448	14	358
1986年	22,500	20	500
1988年	47,300	24	809
1990年	92,300	29	1,140

前出の一九二一年の講演においてクーパーいわく、「この戦争のおかげで会計プロフェッションは大いに目立つ存在となりました」。「この大戦期にイギリス最大のメイカーとなっていた軍需省」(パーカー)における原価計算、これをはじめとする政府関係の仕事は政府による会計士の評価を急速に高めていた。その結果、公職に任ぜられる会計士が増加をみ、この増加は会計プロフェッションにかんする社会的な認知度を高め、さらにはそのステイタスの向上へとつながるものだった。

経営コンサルティング*6

一〇〇頁に掲げられた表8によれば、たとえば一九九五年のトップ・テン事務所の営業収入において経営コンサルティング業務による収入の占める割合は二五%にものぼっている。

また、たとえば〈プライス・ウォーターハウス〉についてまとめられた表10によれば、経営コンサルティング業務は古くからこのように会計士業の一翼を担っていたわけではな

＊6　後述されるように、かつてイギリスの会計士は今日にいう経営コンサルティングを「特別の仕事」と称していた。ただし、「特別の仕事」と称されていた仕事はそのすべてが今日にいう経営コンサルティングに該当するというわけではない。この呼称が意味するものは、むろん、飽くまでも通常の仕事以外の仕事にしか過ぎず、通常の仕事以外の仕事はすべて「特別の仕事」と呼ばれていたに相違ない。

また、(当時の会計士自身はさて措き)少なくとも今日のわれわれには、そもそも何をもって通常の仕事と特別の仕事を区別するか、という問題がある。たとえば監査とて古くには通常の仕事ではなかったし、他方、(後述される〈トムスン・マクリントック&Co.〉のロンドン・オフィスのように)今日にいう経営コンサルティングを主な仕事としていたばあいにあってさえ、これをやはり「特別の仕事」と称していた事例もある。何をもって通常の仕事とするか、はむずかしい。

一方、「経営コンサルティング」もその範囲が漠として摑《つか》みどころがない。いわば各人各様の定義がありえよう。たとえば不正の調査はこれを経営コンサルティングの類いとする向きもあれば、経営コンサルティング以外の特別の仕事とみる向きもあろう。複式簿記システムの導入はこれを経営コンサルティングとみる向きもあれば、会計業務の一部とする向きもあろう。何をもって経営コンサルティングとするか、はむずかしい。

いが、他方また、公共会計士は近年になってこれに従事しはじめたというわけでもない。会計プロフェッションが確立をみた一九世紀イギリスの会計士にはすでに**特別の仕事**があった。

一九世紀イギリスの会計士は今日にいう経営コンサルティングを「特別の仕事《スペシャル・ワーク》」と呼んでいた。すなわち、**会計士は近年になって経営コンサルティングを手掛けはじめたというわけではないが**、他方また、**かつての会計士はいまだこれを通常の仕事とはみていなかった**。

不正の調査

特別の仕事の筆頭はさまざまな調査、そのまた筆頭は不正の調査だった。

まずは鉄道会社だった。当時における大規模な不正事件の頻発は鉄道業の出現がこれをもたらしていた。「不正はヴィクトリア期の経済における風土病、公共会計士はこれを追い払うために雇われた医師であった」(*Accountancy and the British Economy 1840-1980*) し、また、「鉄道における不正はヴィクトリア期のホワイトーカラーによる犯罪の先駆けであった」(*White-Collar Crime in Modern England*)。

鉄道会社における不正といえば、まずは、利益の過大計上による配当、別言すれば、〈利益から、ではなく〉資本からの配当、だった。

八五頁の註記（＊3）に述べられたように、〈クィルター、ボール＆Co.〉は鉄道会社におけるこの種の不正の調査を数多く手掛け、また、最も注目されたのは鉄道王ハドスンに率いられたイースタン・カウンティーズ鉄道の調査だった。この鉄道会社におけるハドスンの不正な配当はおよそ三二万ポンドにものぼっていた（数年間に支払われたおよそ五五万ポンドの配当のうち、利益からの配当はおよそ二三万ポンドにしか過ぎなかった）。こうした配当政策の破綻はやがて株主たちをしてハドスンを追放せしめたが、その後、この鉄道を立て直すべく会長に就任したはずのD・ウォディントンも結局はハドスンと同様だった。またもや着手された〈クィルター、ボール＆Co.〉の調査によれば、ウォディントンの不正は配当にとどまることなく、借り入れにも及び、他方また、取締役たちは私利私欲に趨《はし》って会社に損害をあたえていた。しかも、不正は末端にまで及び、併せて発覚をみたのは事務員らによる横領だった。こうした情況をもたらしていたのは杜撰《ずさん》な簿記、そして監査だった。たとえば或る事務員による横領額は一万ポンドないし四万ポンドと推算されるにとどまったが、これは簿記の杜撰さによっていた。

もっとも簿記や監査の情況はほかの鉄道会社でも同様だった。

第三章に述べられたように、一八五〇年代にあって最も耳目を惹いた不正事件はグレイト・ノーザン鉄道におけるそれだったが、この鉄道の株主記録係レッドパスによる横領は監査の杜撰さがこれを可能にしていた。また、メトロポリタン鉄道における或る事務員の横領はE・ウォーターハウスが暴き出しているが、不正の総額を突き止めることはすこぶる困難だった。おそらくはこれも簿記の杜撰さによっていた。

シティ・オヴ・グラスゴウ銀行

第三章に述べられたように、むろん、不正は鉄道においてだけではなく、たとえば一八五七年と一八六六年の金融恐慌は銀行におけるさまざまな不正をともなっていたが、この世紀にあって銀行の不正事件といえば、何を措いてもシティ・オヴ・グラスゴウ銀行の事件だった。

この銀行の経営陣に引導を渡したのは〈リンゼイ、ジェイミースン&ホールデン〉＊7のG・A・ジェイミースンだった。一八七八年九月、この銀行が窮状にあることを知ったスコットランドの諸銀行（スコットランド銀行、スコットランド・ロイアル銀行、スコットランド・ユニオン銀行等）は会計士ジェイミースンに調査を依頼することについて合意をみ、一〇月一日、かれによって明らかにされた不良債権の総額は優に五〇〇万ポンドを超えていた。ただちに支払い停止だった。翌一〇月二日に着手されたのは〈カー、アンダースンズ、ミュアー＆メイン〉＊8のW・アンダースンと、事務弁護士事務所〈マグリガー、ドナルド＆Co.〉のA・B・マグリガーによる調査だった。やがて発覚をみたのは粉飾だった。経営の順調さをしめす貸借対照表の数値は取締役会の指図による改竄がこれをもたらしていた。アンダースンらの報告書によれば、総損失は六八〇万ポンドにもならんとしていた。

銀行の破綻としては空前の規模の惨事だった。取締役たちには逮捕状が出され、他方、一〇月二二日、臨時株主総会は清算を決議、清算人にはアンダースン、ジェイミースン、そしてかれの同僚J・ホールデン、この三名の勅許会計士が名を列ねていた。

一方、シティ・オヴ・グラスゴウ銀行の破綻による銀行業界の危機は諸銀行をして外部

＊7　一九六七年にこの事務所と〈リチャード・ブラウン＆Co.〉（前出の、会計史の古典、の編者として知られるブラウンによって設立された事務所）の合併によって誕生した〈ホールデン、ブラウン＆Co.〉は一九七〇年に〈アーサー・ヤング、マックレランド、ムーアズ＆Co.〉に吸収され、現在は〈アーンスト＆ヤング〉の一部を構成。

＊8　現在は〈プライスウォーターハウスクーパーズ〉の一部を構成。

監査の導入をはじめとするさまざまな改革に着手させることになったが、そうしたなか、信用調査の外部委託に踏み切ったのはミッドランド銀行だった。或る顧客にたいする当座貸し越しがかなりの額にのぼっていることを知った同行の取締役会が当座貸し越しの限度額の査定に会計士をつかうことを認めたのは一八七九年一一月のことだった。

簿記システム

不正の調査の次は簿記システムの類いにかかわる仕事だった。

複式簿記がイギリスに渡来したのは遥か昔（おそらくは一五世紀ないし一六世紀）のことだったが、その一般化は一九世紀の半ばを過ぎてもいまだこれをみるにはいたらず、そうした情況下、いよいよ監査人に選任されはじめた会計士たちは簿記システムにかかわる特別の仕事、すなわち複式簿記システムの導入などを最初の仕事とすることが少なくなかった。

監査人に選任された会計士がまず目にするのは単式簿記による稚拙な記録や込み入って分かりにくい複式簿記による記録だった。したがって、まずもっての仕事は複式簿記システムの導入や既存の複式簿記システムの再編成だった。

当時の監査は不正の発見を第一の目的としていた＊9が、そうしたなか、複式簿記に期待された役割は、むろん、まずは風土病の予防薬としてのそれだった。

また、こうした面における会計士の貢献は単に以前からあった複式簿記の一般化にとどまることなく、ときにいわゆるシステム開発にまでも及んでいた。たとえばクライアントにランハム・ホテルやサヴォイ・ホテルが名を列ねていた〈デロイト、デヴァー、グリフィスズ&Co.〉のデロイトはホテル業のための簿記システムを開発しているし、他方、プリンス・オヴ・ウェイルズ・ロンドン病院基金もクライアントに名を列ねていたこの事務

＊9　たとえば一八九二年に刊行された先駆的な監査論のテキスト *Auditing: A Practical Manual for Auditors*（六九頁の註記（＊6）をみよ）は監査の目的を次のように列挙している。

・不正の発見
・技術的な謬《あやま》りの発見
・原則上の謬りの発見

ちなみに、著者の勅許会計士ディクシーはこの監査論のテキストをはじめとする「テキストの著者として大成功を収め、また、すこぶる多作であったため、「会計の文献はかれが独り書いたと述べても過言ではない」といわれるほどであった」（パーカー）。また、ディクシーは（イギリス初の商学部が設けられた）バーミンガム大学でイギリス初の会計学教授を務めた。

所のJ・G・グリフィスズは病院業のための統一的な会計システムを案出している。

企業との持続的な関係

「顧問《コンサルティング》会計士」という肩書きが一般化をみるのは二〇世紀に入ってからのことだった。そのため、〈デロイト、プレンダー、グリフィスズ&Co.〉の所史は某社の取締役会における一八六四年の決議を、驚くべきこと、として紹介している。「〈デロイト、グリーンウッド&デヴァー〉を当社の顧問会計士に任命する」。

ただしまた、この「顧問会計士」という肩書きがつかわれたかどうかはさて措き、企業がことある度に特定の会計士に助けを求める、という持続的な関係はいまだ一九世紀のうちにはじまっている。

その一例としてはビスケット・メイカーの〈ハントリィ&パーマーズ〉と〈プライス、ウォーターハウス&Co.〉のあいだのそうした関係を挙げることができる。

たとえばパートナーシップ形態から株式会社形態への転換を企てていた〈ハントリィ&パーマーズ〉がその当否にかんする調査を〈プライス、ウォーターハウス&Co.〉に依頼したのは一八九四年のことだった。この事務所から提出された調査報告書は株式会社化のメリット、デメリットを客観的に述べたものだった。

特別の仕事の一例は目論見書に収められる調査報告書の作成だった。株式の公開が一般化をみたのは一九世紀後半のことだったが、株式の公開にさいして投資家に交付される目論見書には当該企業の状態にかんする調査報告書が不可欠だった。

〈ハーディング、ウィニィ＆Co.〉がチャネル・アイランズ銀行の株式の公開に関与したのは一八八〇年代半ばのことだった。パートナーのW・ハールバットによる調査の結果はこの銀行がきわめて健全な状態にあることをしめすものだった。ハールバットの調査を高く評価したチャネル・アイランズ銀行はその後、この事務所を監査人に任命、このように、、、、、、、、、、、、、特別の仕事が監査の仕事をもたらすのは珍しいことではなかった。

大西洋を渡る

調査の仕事は会計士事務所の海外進出へとつながった。

ウォーターハウスはかれの事務所がシティ以外にオフィスを設けることに反対していた。事務所の評判は集権的管理を維持することによってこそ保たれる、と確信していたからだった。

〈プライス、ウォーターハウス＆Co.〉はしかしながら、その活動範囲を全国、さらには海外へと拡げていった。海外における仕事の多くはイギリスからアメリカへの投資にかかわる調査だった。

知名のプロモーターのH・O・オヘイガンはロチェスターにあるいくつかの醸造所の合併を企てていた。そのための調査を依頼されたのが〈プライス、ウォーターハウス＆Co.〉だった。パートナーのG・スニースに率いられた調査ティームが派遣された。合併によって誕生した会社がロンドン証券取引所に上場されたのは一八八九年のことだった。ただしまた、スニースがアメリカへ渡ったのはこれが初めてではなかった。一八七三年以降、何度も大西洋を往復していた。こうした調査の仕事は増えつづけていた。シティからみたアメリカはあまりにも遠かった。集権的管理を維持することは困難だった。ブロードウェイにニューヨーク・オフィスが開設されたのは一八九〇年のことだった。〈プライス、ウォーターハウス＆Co.〉は爾後、アメリカにおける会計プロフェッション発展の牽引車となるのだった。

しかしながらまた、〈プライス、ウォーターハウス＆Co.〉だけではなかった。たとえば一八八八年三月、〈デロイト、デヴァー、グリフィスズ＆Co.〉のパートナー、グリフィスズがニューヨークへ旅立った目的は某鉄道の調査だった。こうした調査の仕事は次々とやってきていた。当時の〈デロイト、デヴァー、グリフィスズ&Co.〉はニューヨークをはじめ、ボストン、シカゴ、デンヴァー、ミネアポリス、フィラデルフィア等、アメリカ各地で調査の仕事を手掛けていた。ウォール・ストリートに初の海外支部が設けられたのは一八九〇年のことだった。

こうして**イギリスに生まれた会計プロフェッションはイギリス資本とともに大西洋を渡った**。いや、イギリス資本とともに、というよりは、イギリス資本のためにイギリス資本に先んじて、というべきかもしれない。まずは、イギリス資本のゆき先の調査のためだった。

こうして**会計士の海外進出は**投資先の調査という**特別の仕事によってもたらされた。**

苦境に立たされた企業の救済

第二章に述べられたように、一九世紀にあって会計士の専業化は破産関係の仕事がこれをもたらしていた反面、「破産という厭わしいものへの関与は会計士に世評の低さをもたらしていた」。事実、これも第二章に述べられたように、シティ・オヴ・グラスゴウ銀行が破綻をみた一八七八年の非常時はこれを稼ぎどきとした会計士たちに「腐肉にむらがるカラス」という形容をあたえ、そうしたなか、この銀行のいわば屍体処理係を務めて多額の収入を得たジェイミースンらはこれもカラスの同類と目されたかもしれない。しかしながら、ジェイミースンはその後、屍体処理係ではなく、いわば医師として、すなわち危機に瀕した企業の救済者として名を得ている。

ジェイミースンが某社の会長に迎えられたのは一八八三年のことだった。この会社は前年にエディンバラで設立され、ただちにスコットランドの投資家たちの人気を博し、ほどなくアリゾナ南東部の銅山と製煉所を買収していた。しかしながら、やがて陥ったのは重大な資金不足だった。経営陣による株価操作の噂も流れるなか、株主たちはジェイミースンに救済を求めた。かれが案出した打開策によって窮境を脱したこの会社は、あらゆるイギリスの海外投資のなかにあって最大の成功例のひとつ、と目されるまでにいたっている。苦境に立たされた企業の救済にかんしては〈ジョージ・A・トゥシュ&Co.〉＊10の名も忘れることができない。

〈トゥシュ・ロス&Co.〉の所史（一九八一年）によれば、一八九八年にロンドンで設立された〈ジョージ・A・トゥシュ&Co.〉は当時、すでに企業の救済者として名を得ていたG・A・トゥシュが「この仕事を処理するために」設けた会計士事務所だった。事実、この事務所の収入は当初、トゥシュがこの手の仕事によって受けた報酬がそのかなりの部分を占めていた。おそらくは新参事務所ゆえの監査クライアントの少なさも手伝っていたとはいえ、いずれにしても、監査よりも救済、だった。

トゥシュに倣ったのはA・W・テイトだった。一九〇二年から〈ジョージ・A・トゥシュ&Co.〉のパートナーを務めていたテイトは企業の再建者として知られ、三〇歳台の半ばにしてシティに産業金融の大家と目されていた。

なお、トゥシュとテイトがいわば陽の当たる仕事に忙殺されるなか、一九〇六年にパートナーに就任したL・W・ホーキンズは比較的地味な立場に置かれていた。〈トゥシュ・ロス&Co.〉の所史によれば、「かれの時間はその多くが会計士事務所の日々の仕事に費やされていた」。

このような〈ジョージ・A・トゥシュ&Co.〉において監査がようやく最大の収入源となったのは一九一五年のことだったし、また、その翌々年にパートナーの任に就いたトゥシュの息子D・M・トゥシュは「父親に倣ってすべての時間を投資関係の仕事に費やし……監査や事務所の経営には関与しなかった」(〈トゥシュ・ロス&Co.〉の所史)。

＊10　この事務所は合併等を経て一九六九年から〈トゥシュ・ロス&Co.〉の一部を構成し、現在は〈デロイト&トゥシュ〉の一部を構成。

もっとも、このような情況は決して〈ジョージ・A・トゥシュ&Co.〉においてだけのことではなかった。たとえば〈トムスン・マクリントック&Co.〉＊11の所史（一九七七年）によれば、「当時の会計士たちは今日におけるマーチャント・バンクの役割とほぼ同様のそれを務めていた。すなわち、かれらは合併について助言をあたえ、その手筈を整え、また、特別の情況にある会社……のために働いていた」。

〈トムスン・マクリントック&Co.〉がロンドン・オフィスを開設したのは一九一四年のことだった。このオフィスの運営を委《まか》されたのは創業者T・マクリントックの息子W・マクリントックだった。かれは企業の再建や企業統合にかんする助言者として名を馳せた会計士だった。とりわけ火薬産業の合理化におけるかれの貢献は〈トムスン・マクリントック&Co.〉に企業統合にかんする仕事における高い評判をもたらし、そうした情況下、一九二〇年代のロンドン・オフィスはこの手の仕事に依存していた。

しかしながら、すでにして明らかになったのは、**特別の仕事は不安定に過ぎる**、ということだった。所史によれば、このオフィスが「監査業務という「現実的な活計《かっけい》の途《みち》」」に力を入れはじめたのは一九二〇年代末葉のことだった。

特別の仕事？

特別の仕事はいよいよその範囲を拡げ、やがて**特別の仕事ではなくなってゆく**。

今日にいう経営コンサルティングが特別の仕事ではなくなった証左のひとつはこれを担当する独立のセクションの設置だった。

たとえば〈デロイト、プレンダー、グリフィスズ＆Co.〉は一九三三年という早くに「組織および方法部」と呼ばれるそうしたセクションを設けているし、また、〈プライス・ウォーターハウス＆Co.〉が一九五五年に設置した「システム部」と呼ばれるセクションは一九六三年に「経営コンサルティング部」へと改称されている。

なお、〈プライス・ウォーターハウス＆Co.〉のシステム部は一九五七年～一九六三年に一三一件の仕事を手掛けているが、そのうちの九五件、すなわちおよそ七三％は監査クラ

＊11　この事務所と〈KMG〉の合併によって生まれた〈KMG・トムスン・マクリントック〉が一九八七年に〈ピート、マーウィック、ミッチェル＆Co.〉と合併して生まれた〈ピート・マーウィック・マクリントック〉は現在は〈KPMG〉と称している。

イアントからの依頼によるものだった。他方、前述のように、特別の仕事が監査の仕事をもたらすのは以前から珍しいことではなかったし、ちなみにまた、たとえば〈トムスン・マクリントック&Co.〉の税務部は、監査の仕事を大量にもたらす存在、だった。仕事が仕事を呼んだ。

とはいえ、経営コンサルティングの仕事はかならずしも好調ではなかった。

イングランド銀行が同行の組織にかんする調査をアメリカの経営コンサルタント事務所〈マッキンゼイ&Co.〉に依頼したのは一九六八年のことだった。たとえば同年一〇月三一日づけの『タイムズ』には、イギリスの実業家はこの国の会計士とコンサルタントを信頼していない、とする投書をみることができる。〈マッキンゼイ&Co.〉は次々と仕事を手に入れていた。アメリカは経営コンサルティングの先達だったが、不利な点はそれだけではなかった。ひとつには宣伝の問題があった。

《イングランド&ウェイルズ勅許会計士協会》の評議員会が一九四七年に公表したステイトメントは次のように述べている。「評議員会は(この協会の)メンバーが……コンサルタントないし助言者の役割を果たすことを主目的として企業の取締役、パートナー、ないし従業員を務めている現況に留意している。評議員会は、たとえメンバーが携わっている仕事が公共会計士業と矛盾しないものであっても、職業行為規約、とりわけ宣伝や勧誘にかんするそれは遵守されなければならない、ということを確認しておきたい」（　）書きは筆者）。

この協会がメンバーの宣伝を禁じたのは一八八二年のことだった。

やはり特別の仕事

会計士事務所が経営コンサルティングを専門とする別組織を設ける、という動きが出てきたのは一九六〇年前後以降のことだった。

〈トムスン・マクリントック＆Co.〉、〈マン・ジャッド＆Co.〉＊12、そして〈ブラウン、フレミング＆マレイ〉＊13、この三事務所の共同出資によって経営コンサルタント事務所〈マクリントック・マン＆マレイ〉が設立されたのは一九五九年のことだったし、また、その

＊12　この事務所はグラスゴウの〈マン・ジャッド・ゴードン＆Co.〉のロンドン支部が独り立ちしたものだったが、一九七九年に〈トゥシュ・ロス＆Co.〉に吸収されている。

＊13　この事務所は一九六五年に〈ウィニィ、スミス＆ウィニィ〉と合併、現在は〈アーンスト＆ヤング〉の一部を構成。

三年後には〈クーパーズ&ライブランド〉が経営コンサルタント事務所を設立、さらにまた、一九六六年には〈プライス・ウォーターハウス&Co.〉が無限責任形態の経営コンサルティング会社〈プライス・ウォーターハウスCo.〉を設立している。

しかしながら、経営コンサルタント事務所〈マクリントック・マン&マレイ〉＊14の業務執行パートナーは会計士ではなく、エンジニアだったし、また、経営コンサルティング会社〈プライス・ウォーターハウスCo.〉を設立した〈プライス・ウォーターハウス&Co.〉には、**会計士事務所**〈プライス・ウォーターハウス&Co.〉**のパートナーとしては不適格なエンジニア**やエコノミストなどといった**スペシャリストに経営コンサルティング会社**〈プライス・ウォーターハウスCo.〉**の取締役のポストをあたえる**、という意図があった＊15。

経営コンサルティングは**やはり特別の仕事だった**。

＊14　この経営コンサルタント事務所は一九六五年に〈マクリントック・マン&ウィニィ・マレイ〉へと改称しているが、これは＊13に述べられた〈ブラウン、フレミング&マレイ〉と〈ウィニィ、スミス&ウィニィ〉の合併によって〈ウィニィ、マレイ&Co.〉が誕生したことによる。

＊15　この会計士事務所におけるスペシャリストの処遇にかんしては税務のスペシャリストについてすでに本章に言及されている。

第五章

巨大会計事務所の誕生

表11　ビッグ・ファイヴの規模（1999年）

	パートナーの数	プロフェッショナル・スタッフの数	オフィスの数
〈プライスウォーターハウスクーパーズ〉	989	19,200	61
〈KPMG〉	587	7,038	28
〈アーンスト＆ヤング〉	434	5,619	24
〈デロイド＆トゥシュ〉	330	5,405	24
〈アーサー・アンダーセン＆Co.〉	405	5,789	15

二極化

昨今、会計士業界はいわば二極化をみるにいたっている。一方の極にあるのは少数のきわめて大規模な会計士事務所、もう一方の極にあるのはきわめて多数の小規模な会計士事務所、したがってまた、中規模な会計士事務所はすこぶる影の薄い存在と化している。

かつては少なからず存在した中規模な事務所だったが、その多くは大規模な事務所に次々とクライアントを奪われることによって顚落の一途をたどるか、はたまた大規模な事務所に吸収されるかしてしまっている。

大規模な事務所はますます大規模化し、会計士業界の牛耳を執っている。**表11**にしめされるように、たとえば二〇世紀末葉のイギリスにあって〈プライスウォーターハウスクーパーズ〉、〈KPMG〉、〈アーンスト&ヤング〉、〈デロイト&トゥシュ〉、〈アーサー・アンダーセン&Co.〉＊1のビッグ・ファイヴは平均五〇〇余名のパートナーを擁し、また、たとえば〈プライスウォーターハウスクーパーズ〉にいたっては一、〇〇〇名近いパートナーによって構成されていた。

しかしながら、こうした情況が生じたのは比較的近年のことだった。

パートナー数の制限

会計士事務所についてそのパートナー数の制限が撤廃されたのは一九六〇年代後半のことだった。

パートナー数を制限する法規定の嚆矢は一八五六年の株式会社法にあった。この株式会

＊1　一九一三年に〈アーサー、デラニィ&Co.〉として設立され、一九一八年に〈アーサー・アンダーセン&Co.〉へと改称したこのアメリカの会計士事務所がロンドン・オフィスを開設したのは一九五七年のことだった。

社法は、二〇名を超える者がパートナーシップをもって営利事業を営むこと、を禁じていた。

こうしたパートナー数の制限はその後の諸法によって踏襲され、二〇世紀を迎えてからも存続していた。一九〇七年の有限責任パートナーシップ法は、有限責任パートナーシップ（無限責任《ジェネラル》パートナーと有限責任《リミティッド》パートナーによって構成される）のパートナーは二〇名（銀行業を営むばあいには一〇名）を超えてはならない、と規定し、また、一九四八年の会社法は、二〇名を超える者をもって構成される会社、協会、パートナーシップは特定のばあいを除いて営利事業（銀行業を除く）を営んではならない、と規定していた。

会計士業を営むパートナーシップについてそのパートナー数の制限を撤廃したのは一九六七年の会社法だった。同法は三種類のパートナーシップ、すなわち事務弁護士によって構成されるパートナーシップ、会計士によって構成されるパートナーシップ、証券取引所のメンバーによって構成されるパートナーシップを前述の二法（一九〇七年の有限責任パートナーシップ法と一九四八年の会社法）の規定の適用対象から除くことにしたのだった＊2。

ただしまた、こうしたパートナー数の制限にかんしては**抜け道がなくもなかった**。各地のオフィスについて別個のパートナーシップを設立し、各パートナーシップのパートナーが二〇名を超えないように調整する、といったやり方もあった。事実、たとえば〈プライス・ウォーターハウス&Co.〉は一九六四年現在、一〇のオフィスに計三七名のパートナーを擁していた。ロンドン・オフィスのパートナーは実質上、二〇名を超えていたが、その一部は形式上、他のオフィスに所属していたものと推察される。また、〈トムスン・マクリントック&Co.〉も一九六〇年現在、すでに二八名のパートナーを有していた。

法人化

他方、会計士事務所は事実上、近年にいたるまで法人格を有することができなかった。第六章に述べられるように、会社法は一九世紀の中葉以降、当該会社の取締役と上級職員は監査人を務めることができない、と規定していたが、こうした禁止規定は一九二八年の会社法によって強化され、法人は清算人、監査人、収益管理人を務めることができない、と規定されたからだった。

＊2　なお、この一九六七年の会社法にいう会計士とは一九四八年の会社法が定める監査人の資格要件（ちなみに、第三章に述べられたように、この資格要件を初めて定めたのは一九四七年の会社法だった）に適う者、すなわち、商務省が適当と認めたイギリスの会計士団体のメンバー等、のことだった。

このような監査人の欠格事由にかんする規定は爾後の諸会社法によって引き継がれ、たとえば一九八五年の会社法にあっても、当該会社の役員および被傭者、当該会社の役員および被傭者のパートナーおよび被傭者、ならびに法人は監査人を務めることができない、とされていたが、ようやく法人であることを監査人の欠格事由から除いたのは一九八九年の会社法だった。この会社法では監査人登録制度が導入され、監査人は、個人と法人のどちらについても、通商産業省の認める監督団体において登録することが義務づけられたのだった。

しかしながら、会計士事務所は法人化を躊躇していた。勅許会計士の団体、すなわち《イングランド&ウェイルズ勅許会計士協会》、《スコットランド勅許会計士協会》＊3、《アイルランド勅許会計士協会》＊4の三団体は一九九一年以降、勅許会計士事務所が有限責任形態をもって法人化すること、そしてまた、「外部出資者」と称される勅許会計士以外の出資者をもつことを認めるにいたったが、これにたいする勅許会計士たちの反応はきわめて鈍いものだった。一九九二年の半ばになっても、たとえば《イングランド&ウェイルズ勅許会計士協会》を監督団体として監査業務に従事するおよそ九、〇〇〇の事務所のうち、有限責任会社化していたのは一〇事務所程度、また、外部出資者をもつにいたっていた事務所はさらにわずか、という情況だった。

会計士事務所は有限責任の意義を疑っていた。会計士事務所が最も懸念していたのはいわゆる監査の失敗（監査上の過失）による損害賠償だった。有限責任は監査上の過失にかんして監査人が訴えられたばあいには無意味だった。たとえその事務所が有限責任会社形態を採用していたとしても、監査の失敗による被害者は会計士個人を訴えることができた。損害賠償のリスクはその監査の担当者以外の会計士にもあった。その監査上の過失が問われるだけでなく、その事務所における品質管理《クオリティ・コントロウル》の不備が指摘される可能性もあった。たとえば業務執行取締役を務める会計士にいたってはつねに被告席に着かされるおそれがあった。また、有限責任は、むろん、事務所が支払うべき賠償金額を限るものではなかった。有限責任会社化によって出資者個人の財産は守られるとしても、巨額の賠償金が事務所の破綻をもたらすおそれがあることには変わりがなかった。さらにまた、有限責任会社化には税負担の増加や情報開示要求の強化などといった問題があった。

他方、外部出資者をもつことには、むろん、資金調達上のメリットがあったが、大半の

＊3　一九五一年に《エディンバラ会計士協会》、《グラスゴウ会計士保険数理士協会》、《アバディーン会計士協会》の合併によって誕生。

＊4　一八八八年設立。

表12　監査クライアント（上場会社）数ランキング上位事務所のシェア

	上位10事務所（%）	上位20事務所（%）
1928年	23	30
1938年	27	33
1948年	26	33
1958年	25	32
1968年	31	39
1978年	51	66
1984年	63	76

事務所は外部出資者が経営に口を出すことを嫌っていた。また、**外部出資者の存在によって監査人の独立性が害《そこ》なわれるおそれがあった。**

ただしまた、ことによると会計士事務所の態度は変わるかもしれなかった。大規模な事務所は相つぐ合併によっていよいよ大規模化をみていたが、そうしたゆき方が限界に達したさいには資金調達上のメリットに惹かれ、やがては外部出資者をもつことに踏み切る可能性もあった。

ますますの大規模化

監査クライアントの数で会計士事務所の規模をみたばあい、大規模な事務所がますます大規模化しはじめたのは一九六〇年代後半のことだった。

監査クライアント数ランキング上位事務所のシェ

表13　監査クライアント（上場会社）数からみた事務所の内訳

	事務所の総数	監査クライアント数が0の事務所の数	監査クライアント数が6～20の事務所の数	監査クライアント数が21～の事務所の数	監査クライアントの総数
1928年	3,880	1,866	176	44	6,973
1938年	4,127	2,694	141	40	5,657
1948年	4,831	3,409	156	43	5,978
1958年	8,005	6,767	147	42	5,576
1968年	7,857	6,748	105	27	4,645
1978年	8,711	8,200	35	21	2,955
1984年	15,362	15,000	21	16	?

アについてまとめられた**表12**によれば、トップ・テン事務所のシェアは一九六〇年代に入るまでは横這いだったものが、一九六〇年代後半から一九八〇年代前半までのあいだに倍増している。他方、第一一位から第二〇位までの事務所のばあい、この間のシェアの伸び率は（一九六八年の八％から一九八四年の一三％へと）六〇％程度にとどまっている。また、会計士事務所の数を規模別にしめす**表13**によれば、これも一九六〇年代後半から一九八〇年代前半までのあいだについてみたばあい、大規模な事務所（監査クライアントの数が二〇超の事務所）はおよそ四〇％減、中規模な事務所（監査クライアントの数が六～二〇の事務所）にいたっては八〇％減となっている。

こうした変化（一九六〇年代後半以降における大規模な事務所のますますの大規模化、大規模な事務所の減少、中規模な事務所の減少）は大規模な事務所同士の大型合併、大規模な事務所による中規模な事務所の吸収、そして上場会社（監査クライアント）の減少（表13）によってもたらされたものだったが、上場会社の減少はそのかなりの部分がこれまた合併によってもたらされたものだった。したがってまた、上場会社の減少は（監査クライアントの数からみた）大規模な事務所の減少を結果した一方、大規模な事務所のますますの大規模化へとつながった。会社の合併にさいしては、多くのばあい、合併の主導権を握っていた会社の監査人がその後の監査人に選任され、また、そうした会社（合併の主導権を握るような会社）の監査人は、多くのばあい、大規模な事務所の会計士だったからだった（なお、上場会社の減少には、むろん、倒産等を原因とする部分もあったが、倒産等によって姿を消した会社の多くは中規模ないし小規模な事務所の監査クライアントだった）。

このように（監査する側の合併の上に）監査される側の合併も手伝って、たとえばいわゆる主要企業の監査は二〇世紀の末葉までにはビッグ・ファイヴによってほぼ独占されるにいたっていた。たとえば一九九八年のＦＳＴＥ一〇〇社（『フィナンシャル・タイムズ』の株価指数を構成する一〇〇銘柄の会社）の監査にかんする資料によれば、いわばイギリスの産業界を代表するこの一〇〇社のうち、ビッグ・ファイヴの監査クライアントは九八・五社にものぼっていた。

さらにまた、上場会社の減少は、そのかなりの部分が合併によってもたらされたものだったため、大規模な事務所のばあい、かならずしも監査業務の量や監査業務による収入の減少を結果するものではなかった。

このように大規模な事務所のますますの大規模化は一九八〇年代後半以降もとどまるところを知らず、たとえば上位五〇事務所の営業収入に占めるトップ・テン事務所の営業収入の割合は一九八六年の六八・三%から一九九五年の八五・五%へと増加、また、一九九五年現在、トップ・テン事務所の営業収入は第一一位から第五〇位までの四〇事務所の営業収入の六倍近くになっていた。

大型合併

二〇世紀末葉、ビッグ・ファイヴのなかでもずば抜けて大きな規模を誇っていたのが〈プライスウォーターハウスクーパーズ〉だった。たとえばパートナー数のランキングでは断トツ、そのパートナー数は後続する〈KPMG〉のそれのおよそ一・七倍にものぼっていた(**表11**)が、この擢《ぬき》んでて大規模な事務所が誕生をみたのは一九九八年、〈プライス・ウォーターハウス〉と〈クーパーズ&ライブランド〉の合併によってだった。

ともにビッグ・シックスを構成するこの二事務所の合併は、むろん、ビッグ・シックス体制からビッグ・ファイヴ体制へ、を意味する一方、どれも巨大なビッグ・ファイヴのなかでも飛び抜けて大規模な事務所の誕生を結果するものだった。たとえば一九九五年現在、〈クーパーズ&ライブランド〉はすでにビッグ・シックスのトップに位置していた（営業収入〈五億七、五〇〇万ポンド〉、パートナー数〈六〇七〉ともに第一位）し、他方また、〈プライス・ウォーターハウス〉もパートナー数ランキングで第三位という大きさだったからだった。

ただしまた、同様に巨大なこの二事務所も経歴については留意すべき違いがあった。

保守主義

〈プライス・ウォーターハウス〉はビッグ・シックスのなかで（〈アーサー・アンダーセン&Co.〉とともに）いささか異色の存在だった。その異色さはこれを名称に看取することができた。

一〇五頁の註記（＊3）に述べられたように、一八四九年に〈サミュエル・ロウエル・プライス〉として設立されたこの事務所は数度の改称を経て一八七四年に〈プライス、ウォーターハウス&Co.〉となり、爾来、**およそ一二〇年ものあいだ、ほとんど同一の名称**

〈プライス、ウォーターハウス&Co.〉、〈プライス・ウォーターハウス&Co.〉、ないし〈プライス・ウォーターハウス〉＊5）**をもって存在してきていた**（なお、その次に長期にわたってつかわれてきた名称が〈アーサー・アンダーセン&Co.〉だった）。**改称を必要とするような大型合併を経験していない**、ということだった。他方、ビッグ・シックスの大半（〈プライス・ウォーターハウス〉、〈アーサー・アンダーセン&Co.〉以外の四事務所）は大型合併の所産だった（一九頁の**表1**をみよ）。

〈プライス、ウォーターハウス&Co.〉は外部成長戦略よりも内部成長戦略を好んでいた。たとえ合併という外部成長の手段をつかうとしても相手を選んでいた。内部成長に力を入れる一方、外部成長の手段はこれを自分よりも小規模な事務所との選択的な合併に限ってつかっていた。同様な規模をもつ事務所とは合併しなかった。こうした来歴は前述のような名称の継続性に表われ、また、〈プライス、ウォーターハウス&Co.〉をすこぶる自我意識の強い事務所にしていた。

ただしまた、そもそも〈プライス、ウォーターハウス&Co.〉は規模について保守的な態

＊5　蛇足ながら説明すれば、Price, Waterhouse & Co.→Price Waterhouse & Co.→Price Waterhouse と変遷し、すなわち一九四〇年に「,」がなくなり、一九八一年に「& Co.」がなくなっている。

度を執っていた。前出の所史によれば、そこには「クライアントというものはパートナーがクライアントの事業のすべてに通暁していることを期待するはずである」という主張があった。規模の拡大はそうした期待を裏切ることを意味した。〈プライス、ウォーターハウス&Co.〉は**営利よりも職業倫理の遵守を重んじていた。**たとえばパートナーのなかには今日にいう経営コンサルティング業務に従事することをもって監査人の職業倫理に背く行為とみなし、この仕事を手掛けることに猛反対する者もあった。また、一九一六年から二〇年以上にわたってシニア・パートナーの地位にあったA・W・ワイオンは有名な保守主義者だった。そのワイオンは次のように問うている。「個人事務所や小規模なパートナーシップのばあいにはプロフェッショナルとしての責任感をみることができるが、主として定額給従業員によって構成される大規模な会計士事務所のばあいには果たしてどうであろうか?」。

大型合併の企てもないではなかった。パートナーのG・F・ガーンジィと、〈W・B・ピート&Co.〉*6のW・B・ピートが合併交渉に着手したのは一九二〇年の初夏のことだった。〈プライス、ウォーターハウス&Co.〉と〈W・B・ピート&Co.〉は以前から相当に親密な関係にあった。パートナーのN・E・ウォーターハウスはW・B・ピートの長男W・H・ピートの友人だった。この二事務所はいくつかの監査を共同で手掛け、また、前年の一〇月にはロッテルダムでジョイント・パートナーシップを設立していた。

しかしながら、この合併交渉は最終段階にあって頓挫、結局、不首尾に終わった。原因はワイオンにあった。規模の拡大に否定的なこのシニア・パートナーは頑《かたく》なだった。合併合意書にかれの署名を得ることは叶わなかった。

その成否はともかく、この合併交渉で中心的な役割を演じたのはガーンジィだった。ガーンジィは進取の気象に富む人物だった。そのかれがしかし、急逝したのは一九三二年のことだった。わずか数日後にはワイオンの後任としてシニア・パートナーに就任する予定だった。有名な保守主義者（ワイオン）の留任だった。ただしまた、ワイオンだけではなかった。〈プライス・ウォーターハウス&Co.〉は一九六〇年代に入っても保守主義者によって率いられていた。所史によれば、たとえばT・B・ロブスン（一九六一年〜一九六六年、シニア・パートナー）は「自分を……営利企業の経営者とはみなしていなかった」し、また、W・E・パーカー（一九六五年〜一九七一年、シニア・パートナー）は「単なるビジネスよりもプロフェッショナルとして遵守すべき倫理を重視していた」。

なお、〈プライス、ウォーターハウス&Co.〉との合併を諦めた〈W・B・ピート&Co.〉は

＊6 現在は〈KPMG〉の一部を構成。

ほどなくアメリカの某会計士事務所との大型合併に成功しているが、他方、〈プライス・ウォーターハウス〉は一九八〇年代に入ってから、まずは〈デロイト・ハスキンズ&セルズ〉との合併に失敗、ついで〈アーサー・アンダーセン&Co.〉とのそれにも躓《つまず》いている。

ビッグ……の時代

巨大会計士事務所の時代が到来をみたのは一九七〇年代のことだった。その一因は、むろん、前述の一九六七年の会社法にもあった。まずは〈アーサー・アンダーセン&Co.〉、〈アーサー・ヤング、マックレランド、ムーアズ&Co.〉*7、〈クーパーズ&ライブランド〉、〈デロイト・ハスキンズ&セルズ〉、〈アーンスト&ウィニィ〉*8、〈ピート、マーウィック、ミッチェル&Co.〉、〈プライス・ウォーターハウス&Co.〉、〈トゥシュ・ロス&Co.〉の八事務所、すなわちビッグ・エイトの時代だった。

あの〈プライス・ウォーターハウス&Co.〉においてさえも**営利主義が頭を擡《もた》げていた**。規模の拡大だった。所史によれば、「一九六〇年代の初頭にあっては……全パートナーがひとつのテイブルを囲んで会合をもつことがいまだ可能であった」というそのパートナー数が一〇〇の大台に達したのは一九七〇年代後半のことだった。

大型合併を躊躇《ためら》いつづけてきたこの事務所がとうとう踏ん切りをつけたのは一九九八年のことだった。

＊7　一九六八年に〈アーサー・ヤング&Co.〉と〈マックレランド、ムーアズ&Co.〉の合併によって誕生。

＊8　一九七九年に〈ウィニィ、マレイ&Co.〉、〈タークウォンド、バートン、メイヒュー&Co.〉、そしてアメリカの〈アーンスト&アーンスト〉の合併によって誕生。

第六章

会計士団体

第一節　団体の濫立

会計士団体のメンバーの資格

第一章に述べられたように、イギリスの会計士は有資格会計士と無資格会計士に大別され、また、イギリスでは実に多様な会計士が「有資格会計士」と称している。イギリスにおけるこの「有資格会計士」という呼称は、会計士団体のメンバー、を意味し、しかも、イギリスには実に多様な会計士団体が存在するからである。

敷衍すれば、わが国における公認会計士の資格は国家試験＊1等によって付与される国家資格だが、他方、イギリスにおけるさまざまな会計士の資格は（国家資格ではなく）さまざまな会計士団体のメンバーの資格であり、したがって、資格を付与するための試験も（国家試験ではなく）会計士団体（会計士協会）の入会試験という性格のものなのである。

さまざまな団体、さまざまな肩書き

表14にしめされるように、イギリスでは一八五三年の《エディンバラ会計士協会》（勅許は翌一八五四年）を皮切りに数多くの会計士団体が設立をみ、ちなみに、そうしたなか、会計士団体がその数において絶頂期を迎え、実に**二〇近くもの団体が濫立**したのは一九二〇年代後半のことだった。さまざまな団体が存在し、したがってまた、**さまざまな肩書き（資格）が存在した。**

たとえば《法人会計士監査人協会》＊2のメンバーには「法人会計士《インコーポレイティッド・アカウンタント》」、《社団法人会計士社》のメンバーには「コーポレイト・アカウンタント」、《会計士ロンドン協会》のメンバーには「認可会計士《サーティファイド・アカウンタント》」、《会計士中央協会》のメンバーには「アソシエイティッド・アカウンタント」というそれぞれ専用の肩書きがあった。そうしたなか、「勅許会計士」

＊1　金融庁の公認会計士・監査審査会によっておこなわれる公認会計士試験。

＊2　一九〇八年に《会計士監査人協会》から改称。

表 14　団体の設立

1853年	《エディンバラ会計士協会》
	《グラスゴウ会計士保険数理士協会》
1866年	《アバディーン会計士協会》
1870年	《リヴァプール会計士法人協会》
	《ロンドン会計士協会》
1871年	《会計士マンチェスター協会》
1872年	《イングランド会計士協会》
1877年	《会計士シェフィールド協会》
1880年	《イングランド＆ウェイルズ勅許会計士協会》
	《会計士スコットランド協会》
1885年	《会計士監査人協会》
	《地方自治体収入役会計士協会》
1888年	《アイルランド勅許会計士協会》
1891年	《社団法人会計士社》
1903年	《認可公共会計士協会》
1904年	《会計士ロンドン協会》
1905年	《会計士中央協会》
1919年	《原価会計士工場会計士協会》
1923年	《会計士監査人イギリス協会》
	《救貧法会計士協会》
1925年	《統計専門家会計士協会》
1927年	《プロフェッショナル会計士連合》
	《監査人協会》
1928年	《会社会計士協会》
1936年	《原価会計士工業会計士法人協会》
1939年	《認可会計士法人会計士協会》
1942年	《商業会計士協会》
1951年	《スコットランド勅許会計士協会》
1974年	《会社会計士商業会計士協会》

表 15　上場会社の監査人（1929 年現在）

	会社数	発行済み株式資本（£）
勅許会計士か勅許会計士だけで構成される事務所	4, 971	4, 228, 015, 347
勅許会計士および法人会計士で構成される事務所	129	61, 157, 365
勅許会計士およびコーポレイト・アカウンタントで構成される事務所	3	700, 508
勅許会計士および認可会計士で構成される事務所	8	1, 487, 115
勅許会計士およびアソシエイティッド・アカウンタントで構成される事務所	1	750, 000
勅許会計士および資格不明者で構成される事務所	19	11, 614, 875
勅許会計士, 法人会計士, およびアソシエイティッド・アカウンタントで構成される事務所	1	280, 000
勅許会計士と法人会計士（共同監査）	28	18, 790, 048
勅許会計士と認可会計士（共同監査）	7	26, 639, 298
勅許会計士とアソシエイティッド・アカウンタント（共同監査）	3	2, 453, 961
勅許会計士と，勅許会計士および法人会計士で構成される事務所（共同監査）	8	6, 783, 081
勅許会計士と，法人会計士および資格不明者で構成される事務所（共同監査）	2	760, 964
勅許会計士と，コーポレイト・アカウンタントおよび資格不明者で構成される事務所(共同監査)	1	138, 235
勅許会計士と，株主か資格不明者（共同監査）	67	166, 350, 288
法人会計士	160	41, 134, 706
法人会計士と認可会計士（共同監査）	1	3, 657, 200
法人会計士と，株主か資格不明者（共同監査）	12	3, 691, 305
コーポレイト・アカウンタント	3	602, 500
コーポレイト・アカウンタントと，株主か資格不明者（共同監査）	2	577, 155
認可会計士	9	820, 449
アソシエイティッド・アカウンタント	3	2, 864, 921
アソシエイティッド・アカウンタントと，株主か資格不明者（共同監査）	1	146, 205
株主か資格不明者	79	37, 669, 223
計	5, 518	4, 617, 084, 749

という肩書きだけは《エディンバラ会計士協会》をはじめとするいくつかの勅許団体のメンバーたちによって共用されていた＊3。

前述のように、「有資格会計士」という呼称における「資格」は、会計士団体のメンバーの資格、を意味していた。さまざまな団体が存在し、したがってまた、さまざまな有資格会計士が存在した。さまざまな団体のメンバーたちはいずれもプロフェッショナルを自任していた。とはいえ、そこにはステイタスの序列があった。まずは勅許会計士、ついで法人会計士だった。ただしまた、「勅許会計士」の肩書きには比類ない威信があった。

ステイタスは仕事の量に反映され、したがってまた、勅許会計士は市場占有率においても他を擢んでていた。たとえば上場会社の監査は勅許会計士がほぼ独占していた。**表15**にしめされるように、たとえば一九二九年現在、上場会社の監査に占める勅許会計士だけによる監査（勅許会計士か勅許会計士だけで構成される事務所による監査）の割合はおよそ九〇％にものぼり、他方、法人会計士だけによる監査の割合はおよそ三％にしか過ぎなかった。

内輪揉めの時代

さて、ここで何十年か遡ってまたもや一九世紀。

既述のように一九世紀の半ば過ぎに成立をみた会計プロフェッションにおいてはただし、**表14**にしめされるように、すでに一九世紀のうちにいくつもの会計士団体が設立をみ、そうしたこのプロフェッションはやがて(一八九〇年代頃までには)内輪揉めの時代、すなわち諸団体間の勢力争いの時代を迎えていた。

＊3　ただし、かつては勅許を受けた会計士団体のメンバーのすべてが肩書きに「勅許」という語を冠することができたわけではなかった。
　すなわち、かつては勅許を受けた団体のなかに、そのメンバーの肩書きに「勅許」という語を冠することのできる団体、と、そうでない団体、があった。事実、たとえば《認可会計士協会》は一九七四年に勅許を受け、一九八四年には《認可会計士勅許協会》へと改称しているが、そのメンバーの肩書きに「勅許」という語を冠することはできず、これのできる会計士団体は以前は《エディンバラ会計士協会》、《グラスゴウ会計士保険数理士協会》、《アバディーン会計士協会》、《イングランド&ウェイルズ勅許会計士協会》、《アイルランド勅許会計士協会》の五団体、一九五一年以降は《スコットランド勅許会計士協会》、《イングランド&ウェイルズ勅許会計士協会》、《アイルランド勅許会計士協会》の三団体だけだった。
　ちなみにまた、枢密院が、勅許を受けた会計士団体はすべてがそのメンバーの肩書きに「勅許」の語を冠する権利を有する、と断じたのは一九九五年のことだった。枢密院は翌一九九六年に《認可会計士勅許協会》の《勅許認可会計士協会》への改称を認め、その結果、この団体のメンバーは「勅許認可会計士」という肩書きをつかうことができるようになった。

たとえば、どちらも会計士（公共会計士）の**登録制度＊4**について規定する次の二法案が国会に提出されたのは一八九三年のことだった。

公共会計士法案（骨子）

・商務省に公共会計士として登録されていない者は「プロフェッショナル会計士」ないし「公共会計士」と称してはならない。

・公共会計士として登録される資格を有する者は《イングランド&ウェイルズ勅許会計士協会》、《会計士監査人協会》、《エディンバラ会計士協会》、《グラスゴウ会計士保険数理士協会》、《アバディーン会計士協会》、《会計士スコットランド協会》、ないし《アイルランド勅許会計士協会》のメンバーとする。

公共会計士（第二）法案（骨子）

・《イングランド&ウェイルズ勅許会計士協会》のメンバー等は同協会の評議員会の指示の下、勅許会計士登録簿に登録されるものとする。

・この登録簿に登録される資格を有する者は①《イングランド&ウェイルズ勅許会計士協会》のメンバー、②《会計士監査人協会》のメンバー、③過去二年間、イングランドないしウェイルズにおいて公共会計士業に従事していた者であることが《イングランド&ウェイルズ勅許会計士協会》の評議員会によって認められた者、とする。

・登録されていない者は「勅許会計士」ないし「公共会計士」と称してはならない。

・本法はスコットランドとアイルランドには適用されない。

公共会計士法案を作成したのは《会計士監査人協会》、公共会計士（第二）法案を作成したのは《イングランド&ウェイルズ勅許会計士協会》だった。《会計士監査人協会》の法案はいわば中立的な立場にある商務省を登録制度の担い手とし、この制度の下、勅許団体とその他の団体を同等に扱おうとするものだったが、他方、《イングランド&ウェイルズ勅許会計士協会》の法案は同協会を登録制度の担い手とし、この制度の下、すべての会計士（ただし、スコットランドとアイルランドの会計士を除く）を同協会の傘下に収めようとするものだった。

＊4　ここにいう登録制度の一般的な趣旨は、さまざまな会計士団体が存在し、したがって、さまざまな会計士の資格が存在しているという（ややこしい）情況下、会計士登録簿といったものを設けることにより、そうしたさまざまな資格を統一的に管理しよう、といったところにある。

それにまた、《イングランド&ウェイルズ勅許会計士協会》の法案作成は登録制度の導入それ自体が目的ではなかった。同協会の意図はまずは公共会計士法案に反対を声明すること、さらには《会計士監査人協会》を吸収することにあった。事実、《イングランド&ウェイルズ勅許会計士協会》はこの二法案の提出後、《会計士監査人協会》のメンバーで一定の要件を満たしている者については《イングランド&ウェイルズ勅許会計士協会》への入会を認める、という申し入れによって《会計士監査人協会》を懐柔しようとしている。

こうして**会計プロフェッションは内輪揉めの時代を迎えていた。**

排他、差別化、無差別化

集団化、すなわち団体の結成によってまずは社会からプロフェッショナルとして認知され、さらには社会的威信の確立を果たしたエリート会計士（勅許会計士）たち、そのかれらが**やがて向かう先は排他だった。**排他の目的は社会的威信の維持と市場の独占だった。

次にはエリート団体から締め出された会計士たちが集団化へと動く。かれらも団体を結成、やがて準エリート会計士の地位を得たかれらもまた排他へと向かい、その結果、準エリート団体からも締め出された会計士たちが集団化へと動く。

団体の濫立だった。

各団体は**よりステイタスの低い団体との差別化**を図り、また、(エリート団体以外の)各団体は**よりステイタスの高い団体との無差別化**を図る。他方、各団体はよりステイタスの低い団体による無差別化の阻止を図り、また、(エリート団体以外の)各団体はよりステイタスの高い団体による差別化の阻止を図る。さらにまた、ときに各団体はよりステイタスの低い団体がその勢力を増さないうちに(自分に比肩する存在にならないうちに)、これを自分の傘下に収めようとする。

一八九一年に提出されて廃案になり、翌一八九二年に再提出されたさいにも廃案になったのは勅許会計士法案だった。勅許を受けた会計士団体のメンバー以外の者は「勅許会計士」と称してはならない、とするこの法案を作成したのは《イングランド&ウェイルズ勅許会計士協会》だった。同協会の意図はよりステイタスの低い団体との差別化にあったし、他方また、反対運動によってこれを阻止したのは《会計士監査人協会》だった。

したがって、前述の《イングランド&ウェイルズ勅許会計士協会》による公共会計士(第二)法案の作成はこれを、勅許会計士法案を廃案に追い込まれた仕返し、とみることもできる。つまりは**足の引っ張り合いだった**。

なお、一八七〇年代の末葉から第一次世界大戦の勃発時までのあいだに作成されたこの

表16　勅許の申請書の内容

	左欄の各事項に言及している回数		
	《エディンバラ会計士協会》の申請書	《グラスゴウ会計士保険数理士協会》の申請書	《アバディーン会計士協会》の申請書
司法との関係	13	10	9
社会的信用	4	6	3
団体結成の意義	3	2	3
専門的技倆	2	4	1
業務の重要性	4	−	3

種の法案（登録制度や「勅許会計士」の肩書きにかんする法案）は優に二〇を超えているが、どれも不首尾に終わっている。

エリート団体

エリート団体の嚆矢は一八五三年に設立され、その翌年に勅許を受けた《エディンバラ会計士協会》、また、これに後続したのは《グラスゴウ会計士保険数理士協会》（一八五三年設立、一八五五年勅許）と《アバディーン会計士協会》（一八六六年設立、一八六七年勅許）だった。

この三団体は専門的技倆よりも社会的信用をアピールしていた。たとえば枢密院に提出された勅許の申請書についてまとめられた**表16**によれば、申請書が強調したのは第一に司法との関係、第二に社会的信用だった。ただしまた、司法との関係はこれも結局は社会的信用を意味していた。第二章に述べられたように、スコットランドの会計プロフェッションは早くから司法に関与していた。この国の会計士は司法プロフェッションの一員とみなされ、したがってまた、法曹の社会的信用、その恩恵に与っていた。専門的技倆は二の次だった。

エディンバラとグラスゴウの対立関係＊5はときに《エディンバラ会計士協会》と《グラスゴウ会計士保険数理士協会》のあいだの主導権争いをもたらしはしたが、前述のように地域的な棲み分けの関係にあったスコットランドの三勅許団体は当初から概して親密、したがってまた、一体となって行動することも少なくなかった。とりわけ一八九〇年代には、第四章に述べられたスコットランド勅許会計士共通試験委員会の設置（一八九二年）による共通試験の開始、スコットランドの全勅許会計士を対象とする公式名簿の刊行（一八九六年）、そして三勅許団体をスポンサーとする『アカウンタンツ・マガジン』＊6の創刊（一八九七年）などといった積極的な動きをみることができ、その後、ますます親密の度を

＊5　スコットランドの首都エディンバラとこの国最大の都市グラスゴウのあいだにはライヴァル関係的な関係がある。

＊6　なお、現在は《スコットランド勅許会計士協会》の機関誌『CA・マガジン』。

くわえたこの三勅許団体は一九五一年、《スコットランド勅許会計士協会》の設立をもっていわば名実ともに一体となるのだった。

他方、イングランドのエリート団体は、第二章に述べられたように、一八七〇年に設立された《ロンドン会計士協会》だった。クィルターやデロイトや〈プライス、ホウリィランド&ウォーターハウス〉＊7のプライスといった高名な会計士たちを初代の評議員とするこの団体は自他ともに認めるエリート団体だったし、また、この国でも当初のうちは《ロンドン会計士協会》、《リヴァプール会計士法人協会》（一八七〇年設立）、《会計士マンチェスター協会》（一八七一年設立）の三団体が地域的な棲み分けの関係にあった。

しかしながら、一八七二年に設立をみた《イングランド会計士協会》はアグレッシヴな団体だった。

この団体はそのメンバーを広く全国に求めようとしていた。《ロンドン会計士協会》にとってはライヴァルの出現だった。危機感を抱いた《ロンドン会計士協会》はただちに《会計士協会》へと改称、地方の会計士にも門戸を開いたが、エリート主義に根差す入会条件の厳しさが勢力拡大のいわば足枷となっていた。他方、《イングランド会計士協会》は《会計士協会》の閉鎖性を非難しつつ急成長、いつしかメンバー数において《会計士協会》を凌《しの》いでいた。

（もう一度）しかしながら、**最急務は勅許状の取得だった**。勢力争いなどしているばあいではなかった。勅許を受けるには団結が必須だった。《リヴァプール会計士法人協会》、《会計士協会》、《会計士マンチェスター協会》、《イングランド会計士協会》、それに一八七七年に設立をみていた《会計士シェフィールド協会》、この五団体の合併によって《イングランド&ウェイルズ勅許会計士協会》が誕生したのは一八八〇年のことだった。

《イングランド&ウェイルズ勅許会計士協会》の誕生直前のメンバー数は《イングランド会計士協会》が二八六、《会計士協会》が一八八、《会計士マンチェスター協会》が一〇三、《会計士シェフィールド協会》が三二、《リヴァプール会計士法人協会》が二九だったにもかかわらず、この勅許団体の牛耳を執ったのは明らかにエリート団体《会計士協会》の出身者たちだった。事実、たとえば初代の評議員四五名の内訳は《会計士協会》の出身者が二〇名、《イングランド会計士協会》の出身者が一四名、残りの三団体の出身者が各三名（以上のほかに二名）だったし、また、初代の会長、副会長はどちらも《会計士協会》の出身者だった（会長は〈タークウォンド、ヤングズ&Co.〉＊8のW・タークウォンド、副会長は〈ハー

＊7　一八七四年に〈プライス、ウォーターハウス&Co.〉へと改称。

＊8　現在は〈アーンスト&ヤング〉の一部を構成。

ディング、ウィニィ&Co.〉のR・P・ハーディング)。

第二階級、そして第三階級の団体

次は排他だった。**参入障壁が設けられた。**

《イングランド&ウェイルズ勅許会計士協会》は勅許会計士事務所における五年間（大学卒業者のばあいは三年間）の年季奉公と試験の合格を入会条件としていた。まずは年季奉公の謝金を支払う余裕のない者が締め出された（後述のように、年季奉公人はかなり高額の謝金を支払わなければならなかった）。また、最初の試験は一八八二年に実施され、予備試験については受験者一三名中八名、最終試験については受験者二五名中一〇名が不合格とされた。

なお、当初は一〇年間の実務経験をもっても入会することができたが、そのさいに求められたのは公共会計士としての実務経験だった。企業に勤める会計士も締め出された。

勅許団体から締め出されたひとびとの集団化はスコットランドでは《会計士スコットランド協会》、他方、イングランドでは《会計士監査人協会》の設立だった。

たとえば《会計士監査人協会》は当初はまったくの除け者で、《イングランド&ウェイルズ勅許会計士協会》はその存在を否定していたが、これに負《め》げることなく着々と体制を整えていった＊9《会計士監査人協会》はやがて、前述のように、《イングランド＆ウェイルズ勅許会計士協会》が懐柔しようとするような存在となるのだった。

そしてまた、次は排他だった。

締め出されたひとびとの集団化、その第二波はスコットランドでは《社団法人会計士社》、他方、イングランドでは《認可公共会計士協会》、《会計士ロンドン協会》、《会計士中央協会》の設立だった。勅許団体から**締め出されたひとびとの集団からも締め出されたひとびと**によって構成されるこれらはいわば第三階級の会計士団体だった。締め出されたひとびとの団体、いわば第二階級、第三階級の団体は勅許団体と肩を並べようとした。

たとえば第二階級の《会計士スコットランド協会》は勅許状の取得を目論み、また、第三階級の《社団法人会計士社》はそのメンバー、すなわちCorporate Accountant（コー

＊9　一八八七年には試験を開始、また、一八八九年には機関誌『インコーポレイティッド・アカウンタンツ・ジャーナル』を創刊した。なお、『インコーポレイティッド・アカウンタンツ・ジャーナル』はのちに『アカウンタンシィ』となり、現在は《イングランド＆ウェイルズ勅許会計士協会》の機関誌。

ポレイト・アカウンタント）にChartered Accountant（勅許会計士）と同様、「ＣＡ」という略称をつかわせようとしているが、どちらも不首尾に終わっている。スコットランドにあって既存の三勅許団体が妨害したからだった。

第三階級の団体の健闘

第三階級の団体は健闘していた。

『アカウンタント』（一八七四年に創刊の専門誌）は第三階級の団体を指弾するキャンペインを張っていた。第三階級の団体は「会計プロフェッションの**滓《かす》を集めたいかがわしい存在**」とまでいわれていた。しかしながら、第三階級の団体は（かつての《会計士監査人協会》がそうだったように）これに負けなかった。

たとえば《会計士ロンドン協会》は当初から機関誌（なお、誌名にはかなりの変遷がある）を発行、また、この名称（《会計士ロンドン協会》）にもかかわらず、そのメンバーを広くロンドン以外にも求め、マンチェスターを皮切りにイングランドの各地、さらにまた、国外ではスコットランド、北アイルランド、南アフリカ、アイルランド等に支部を設けていった。一九〇七年にはメンバーの肩書きとして「認可会計士」が採択され、メンバー数は設立後四年足らずのあいだに一、〇〇〇、その一〇年後（一九一八年）には二、〇〇〇に達していた（なお、たとえば一九一一年現在、《イングランド&ウェイルズ勅許会計士協会》は四、三〇〇余名のメンバーを有していた）。

濫立のピーク

第三の波が寄せはじめたのは一九二〇年代のことだった。《会計士監査人イギリス協会》、《救貧法会計士協会》、《統計専門家会計士協会》、《プロフェッショナル会計士連合》、《監査人協会》、《会社会計士協会》、《原価会計士工業会計士法人協会》、《商業会計士協会》、これらは第四階級の団体だった。

一九三〇年に設置された会計士登録制度にかんする商務省委員会には会計士団体、その他のプロフェッショナル団体、政府機関、会計士団体に属していない会計士などから合計四四の意見書が提出されているが、このとき意見書を提出した会計士団体は実に一七にものぼっている。

ますますの濫立だった。

しかしながら、第四階級の団体は概して勢力が振るわなかった。たとえば一九三〇年現在のメンバーは《会計士監査人イギリス協会》が三三三名、《救貧法会計士協会》がおよそ四〇〇名、《統計専門家会計士協会》がおよそ三〇〇名、《プロフェッショナル会計士連合》が一五八名、《監査人協会》がおよそ二〇〇名、《会社会計士協会》がおよそ六〇〇名、健闘したのは《会社会計士協会》だけだった（なお、《会社会計士協会》のメンバーはその後二〇年あまりのあいだにおよそ四、〇〇〇名にまで増えている）。

会計士団体の減少がはじまったのは一九三〇年代のことだった。

いくつもの団体が吸収によって消え、また、なかには吸収すらされることなく消滅する団体もあった。

第二節　ステイタス

資格付与団体

会計士の歴史における時代区分は通例、スコットランドについては、一八五三年まで、また、イングランドについては、一八七〇年まで、を、前プロフェッショナリゼイション期、としている。

既述のように、**一八五三年**は《エディンバラ会計士協会》、《グラスゴウ会計士保険数理士協会》の設立年、また、**一八七〇年**は《リヴァプール会計士法人協会》、《ロンドン会計士協会》の設立年で、すなわち、カー－サンダース&ウィルスンの *The Professions* も述べているように、プロフェッションは団体の結成をもってその成立要件とする、ということである。

このような団体は一般に「プロフェッショナル団体」と称されるが、ただしまた、「プロフェッショナル団体」という概念はときにかなり広い意味をもってとらえられ、たとえば、

表 17　プロフェッショナル団体

<table>
<tr><td rowspan="4">広義</td><td colspan="2" rowspan="2"></td><td>栄誉的団体（prestige association）</td></tr>
<tr><td>学術団体（study association）</td></tr>
<tr><td rowspan="2">狭義</td><td>最狭義</td><td>資格付与団体（qualifying association）</td></tr>
<tr><td></td><td>職業団体（occupational association）</td></tr>
</table>

プロフェッショナル団体論の劃期的研究、とされるG・ミラースンの*The Qualifying Associations*（一九六四年）は、**表17**にしめされるように、栄誉的《プレスティージ》団体（ロイアル・ソサエティ、ロイアル・アカデミィ、ブリティッシュ・アカデミィなど）、学術《スタディ》団体（いわゆる学会の類い）、資格付与《クウォリファイング》団体、職業《オキュペイショナル》団体という四タイプの団体をプロフェッショナル団体とみなしており、おそらくは資格付与団体と職業団体をもって狭義、また、資格付与団体をもって最狭義のプロフェッショナル団体とみなすことができる。会計士団体は概して資格付与団体に該《あた》るが、それは、既述のように、イギリスにおける会計士の資格は会計士団体のメンバーの資格で、換言すれば、会計士団体によって付与されるものだからである。

　ミラースンはプロフェッショナル団体の目的ないし機能（さまざまなプロフェッショナル団体のどれかに認められる目的ないし機能）をあらまし次のように整理、列挙している。

一次的（直接的）な目的（機能）

・組織化

・資格付与――すべてのプロフェッショナル団体がこの目的を有するわけではなく、また、資格付与（適格者の選抜）のためにする試験制度の導入はときに困難をともなうが、ステイタスの向上には能力にかんする試験（と職業倫理規準）が必須。

・研究の促進と知見の伝達

・有能なプロフェッショナルの登録

・高度な職業倫理規準の設定と維持

二次的（間接的）な目的（機能）

・ステイタスの向上――これをプロフェッショナル団体の主目的とみなすのは謬り。ステイタスの向上は一次的な目的（試験制度の導入と職業倫理規準の設定）が果たされた結果にしか過ぎない。

・参入規制

・当該プロフェッションと公衆の保護

・圧力団体としての活動

・交際と協力の緊密化

・福利厚生

会計士団体が概してこれに該当する資格付与団体は、むろん、（その名のとおり）資格付与という機能ないし目的によって特徴づけられる。

すなわち、ミラースンによれば、栄誉団体と学術団体はこれがほとんど専ら当該分野における知識の向上を意図しているのにたいし、資格付与団体のばあいには当該分野における従業者の銓衡という目的が附加され、この附加的な目的こそが職業倫理にかかわる機能、さらにはステイタスの向上という機能を派生せしめる。他方また、特定の職業にかかわる団体は、むろん、そのすべてを、職業団体、とすることもできようが、ミラースンのいう職業団体は従業者の銓衡を意図しない団体に限られ、これと資格付与団体は明確に区別される。

ステイタスの追求

したがってまた、ミラースンは、資格付与団体は概してステイタスの向上を意図して設立される、とはみない。

すなわち、ミラースンによれば、資格付与団体の設立はこれがステイタスの向上をもたらす「最も確実な途」であることは言を俟たず、また、「資格付与団体は概して職業的な威信を高めることをその長期的な意図としているが……多くのばあい、ステイタスの追求は設立の直接の意図ではない」。

事実、たとえば会計士団体の草分け《エディンバラ会計士協会》は、第二章に述べられたように、破産法の改変を有利にみちびくことをその設立の直接の意図としていたし、また、ミラースンによれば、一八七〇年代のリヴァプール、ロンドン、そしてマンチェスター、シェフィールドにおける会計士団体の設立は「無能かつ無節操で、知識も経験もないにもかかわらず、憚《はばか》ることなく会計士業に従事している大勢の強欲者にたいする公衆の憤り……と闘うこと」をその直接の意図としていた。

しかしながら、ここに挙げられた諸団体（《エディンバラ会計士協会》、《リヴァプール会計士法人協会》、《ロンドン会計士協会》、《会計士マンチェスター協会》、《会計士シェフィールド協会》）についてはそのどれもが各地域における先発の会計士団体だったこと（したがってまた、これらが地域的な棲み分けの関係にあり、競合関係にはなかったこと）に留意を要し、この点を考慮する本書は、後発の会計士団体は概してステイタスの追求をその設立の直接の意図としていた、とみる。これは次のように敷衍される。

資格付与団体の出現はこれすなわち有資格会計士の出現を意味し、したがってまた、当該団体から締め出された会計士たちを「無資格会計士」と称される情況に置く（「無資格会計士」という呼称は有資格会計士が存しない限り、これがつかわれることはない（逆もまたしかり））。ここに斉《ひと》しく会計士の仕事を手掛けるひとびとのなかにステイタスの序列が生じ、その下位に置かれた会計士たちは、既述のように、やがてまずは有資格会計士のステイタスを手に入れるべく自らの団体の結成へと動く。ただし、この団体の出現はこれすなわち新たな序列（有資格会計士たちのなかにおけるステイタスの序列）の出現を意味し、したがって、この団体の結成を果たしたひとびと（新参の有資格会計士たち）は次によりステイタスの高い有資格会計士（先発団体のメンバー）との無差別化を目指す。

もっとも後発の会計士団体のなかには特殊な分野の仕事を専門に手掛ける会計士たちがそうした仕事に固有の諸問題について協議すべく設立したものもみられ、すなわち、たとえば《地方自治体収入役会計士協会》や《原価会計士工場会計士協会》などといった一部の後発団体についてはその設立事由を仕事の特殊性に求めることもできようが、他方また、この種の団体とて（仕事の特殊性によって）既存の団体から締め出された会計士たちが締め出されたからこそ結成した団体だった。

事実、《地方自治体収入役会計士協会》の設立総会で議長を務めたB・ジョウンズによれば、「地方自治体の会計士たちにとって不当なことには、かれらは公共会計士業《プライヴェイト・プラクティス》に従事していない限り、勅許会計士の団体のメンバーとして不適格とされていた」ため、「ステイタスの維持と向上」には自らの団体の結成が必要だった。また、《原価会計士工場会計士協会》は、試験制度と能力にかんする証明書の発行によって原価会計士たちに確乎としたプロフェッショナル・ステイタスをあたえること、をその主目的の筆頭としていたが、一九二三年、この団体による勅許の申請を受けて《イングランド&ウェイルズ勅許会計士協会》の評議員会から提出された異議申し立て書いわく、「かれらは……プロフェッショナル業務に従事しているのではありません」。この申請は結局、不首尾に終わっている。

職業倫理規準、藪蛇《やぶへび》、ステイタスの高低

前述のようにミラースンは試験制度と職業倫理規準をステイタス向上の要件とみているが、試験制度は比較的早期に導入した資格付与団体も少なくなかったのにたいし、職業倫理規準は資格付与団体の大多数がこれをもつことに二の足を踏んでいた。メンバーの銓衡さえ慎重におこなわれていれば問題はない、といった理解にくわえ、この手の規準を設けることは**かえって**ひとびとをして当該プロフェッショナルが清廉潔白であることに**疑心を抱**

かせるおそれ、すなわち**藪蛇＊10になるおそれ**があったからだった。

しかしながら、《イングランド&ウェイルズ勅許会計士協会》は例外だった。ミラースンによれば、この団体「だけは最初から成文規則を設けていた」。一八八〇年のその設立にかんする勅許状には正《まさ》に職業倫理規準の定めがしめされていた。

もっとも《イングランド&ウェイルズ勅許会計士協会》には倣うべき先例があった。この団体はスコットランドの勅許会計士団体を範としていた。たとえば《グラスゴウ会計士保険数理士協会》で一八七七年に設けられた定款には職業倫理規準の類いをみることができた。

ただし、スコットランドの勅許会計士団体のばあいはこの手の規準を当初から有していたわけではなかった。前述の《イングランド&ウェイルズ勅許会計士協会》の勅許状の定めは《エディンバラ会計士協会》にたいする一八五四年の勅許状と、《グラスゴウ会計士保険数理士協会》にたいする一八五五年の勅許状のどちらにもこれに類するものをみることはできず、また、《エディンバラ会計士協会》で一八五五年に設けられた定款も同様だった。

おそらくこうした違いはステイタスの高低によっていた。

スコットランドの会計士たちは早くからかなりのステイタスを有していた。その理由は法曹との関係にあった。第二章に述べられたように、この国の裁判所は多くの仕事を会計士の手にゆだね、したがって、スコットランドにあって会計士は司法プロフェッションの一員とみなされ、すなわち、この国の会計士たちは「エディンバラ社会の真の指導者は……プロフェッションのひとびとであったし、また、とりわけ法曹は数、富、威信のいずれについてもずば抜けていた」などともされる法曹のステイタスを享受していた。したがって、忖度《そんたく》すれば、かれらは前述のようなおそれ（かえってひとびとに疑心を抱かせるというおそれ）を抱き、職業倫理規準を設けることに二の足を踏んでいた。

他方、これも第二章に述べられたように、「イングランドの制度は近年にいたるまで、会計士として十分な訓練を受けたひとびとを舞台の前面に立たせることを怠ってきました」とされるイングランドの会計士たちは法曹の威信の恩恵に浴することなく、どうかすると、単なる簿記係程度のものとみなされていた。たぶん、そうしたかれらには前述のようなおそれを抱く余裕などなかった。

しかも、《イングランド&ウェイルズ勅許会計士協会》を結成した五団体（《リヴァプール

＊10　こうしたものを設けることによって、「そんなものを設けなければならないのか」、「倫理規準などといったものを設けなければ倫理を保つことができないのか」といったことをひとびとに気づかせてしまう、という意味において藪蛇。

会計士法人協会》、《会計士協会》、《会計士マンチェスター協会》、《イングランド会計士協会》、《会計士シェフィールド協会》は（前述のように、《会計士協会》と肩を並べることに力を入れていた《イングランド会計士協会》はいざ知らず）その大方が、前述のような、強慾な似而非《えせ》会計士にたいする公衆の憤り、を焦眉の急としていた。すなわち、前述の《イングランド&ウェイルズ勅許会計士協会》の**職業倫理規準は会計プロフェッションを、いかがわしい輩、とみる輿論の払拭をその目的とし**、他方また、これも当初から設けられていた**試験制度はこのプロフェッションを、無能な輩、とみる輿論の払拭をその目的としていた。**

第七章

会計士の資格

第一節　資格要件の多様性

有資格会計士の資格要件

第六章に述べられたように、会計士団体がその数において絶頂期を迎え、実に二〇近くもの団体が濫立したのは一九二〇年代後半のことだった。さまざまな団体が存在し、したがってまた、さまざまな資格が存在し、別言すれば、**さまざまな有資格会計士が存在した。**有資格会計士の資格要件は一様ではなかった。

《エディンバラ会計士協会》、《グラスゴウ会計士保険数理士協会》、《アバディーン会計士協会》はどれも五年間（特定の大学の卒業者等のばあいは三年間）の年季奉公と試験の合格を入会条件としていた。既述のように、これらスコットランドの三勅許団体は早くから共通試験をおこなっていた。共通試験は中間試験と最終試験からなっていた。かつて年季奉公の志願者を対象としておこなわれていた予備試験（いわゆる一般教養科目にかんする試験。これに合格することが年季奉公の開始条件とされていた）は一九一一年に廃止されていた。ただし、スコットランドの大学における卒業予備試験ないしこれと同等の試験に特定の科目について及第すること、これが年季奉公の開始条件とされていた。年季奉公人には大学における特定の授業への出席が義務づけられていた。中間試験は年季奉公中にこれに合格することを要し、また、最終試験は年季奉公中にも受けることのできる第一部と、年季奉公の終了後にしか受けることができない第二部に分けられていた。ただし、最終試験は一括して受けることも可能だった。たとえば一九二〇年の合格率は中間試験がおよそ六六％、最終試験の第一部がおよそ七〇％、同じく第二部がおよそ六八％、最終試験を一括して受けた者についてはおよそ五三％だった。

《イングランド&ウェイルズ勅許会計士協会》もまた、五年間（ないし三年間）の年季奉公と試験の合格を入会条件としていた。試験は予備試験、中間試験、最終試験からなっていた。ただし、イギリスの大学の卒業者とイギリス帝国内の特定の大学の卒業者等は予備試験を免除されていた。中間試験は年季奉公期間の後半に受けるものとされ、また、最終試験は中間試験の合格から二年（年季奉公期間を三年間に短縮された者については一年）経過後にだけ受けることができた。たとえば一九二〇年〜一九二九年の合格率は予備試験がおよそ五六％、中間試験がおよそ六〇％、最終試験がおよそ五五％だった。

第二階級の《法人会計士監査人協会》＊1にはふたとおりの入会条件があった。ひとつは五年間（ないし三年間）の年季奉公と試験の合格、もうひとつは九年間の実務従事と試験の合格だった。すなわち、年季奉公は実務従事をもってこれに代えることができた。ただし、このばあいの実務は公共会計士（原則として法人会計士か勅許会計士）の事務員の仕事などに限定されていた。試験は予備試験、中間試験、最終試験からなっていた。予備試験は年季奉公の開始前にこれに合格することを要し（ただし、実務従事をもって年季奉公に代える者のばあいは中間試験を受ける前にこれに合格していればよかった）、最終試験は年季奉公の最後の年（ないし実務従事期間が九年を経過したのち）に受けるものとされていた。たとえば一九二〇年～一九二九年の合格率は予備試験がおよそ六二％、中間試験がおよそ五八％、最終試験がおよそ五六％だった。

第三階級の《社団法人会計士社》は五年間の会計実務従事、試験の合格、そして入社申請時に公共会計士業等に従事していることなどを入社条件としていた。試験は予備試験、中間試験、最終試験からなっていた。ただし、試験の合格が必須の条件とされたのは一九二八年のことだった。一九二七年以前には評議員会によって適当と認められることをもって試験の合格に代えること（試験を免除されること）ができた。試験に合格した者と試験を免除された者は頡頏《きっこう》していた。たとえば一九二〇年二月二八日現在のメンバーに占める試験合格者の割合はおよそ五一％にしか過ぎなかった。入社条件はかなり柔軟だった。評議員会は入社希望者に年季奉公を要求することができる、とされていた。また、評議員会は予備試験の合格を年季奉公の開始条件とすることができる、とされていた。たとえば一九二九年の試験の合格率は中間試験がおよそ四二％、最終試験がおよそ五四％だった。予備試験については資料がない。おそらくは実施されていなかった。

これも第三階級の《会計士ロンドン協会》は五年間の会計実務従事と試験の合格を入会条件としていた。会計実務従事は年季奉公であることを要しなかった。試験は予備試験、中間試験、最終試験からなっていた。特定の大学の卒業者等は予備試験を免除されていたが、中間試験についてもこれを免除されるばあいがあった。

この《会計士ロンドン協会》は**試験のむずかしさをアピールしていた**。むろん、その目的はエリートの《イングランド＆ウェイルズ勅許会計士協会》や第二階級の《法人会計士監査人協会》と肩を並べることだった。《会計士ロンドン協会》は試験時間の長さと合格率の低さにおいてこの二協会に勝《まさ》っていた。《会計士ロンドン協会》はこの事実をしめす比較表を自ら作成、公表していた。たとえば一九二九年の合格率（予備試験、中間試験、最終試

＊1　既述のように、一九〇八年に《会計士監査人協会》から改称。

験の平均合格率）は《イングランド&ウェイルズ勅許会計士協会》がおよそ五五%、《法人会計士監査人協会》がおよそ五〇%、《会計士ロンドン協会》がおよそ四三%だった。ただし、**合格率の低さはこれすなわち合格者の能力の高さというわけではなかった。**おそらくこの三協会のあいだには入会希望者（受験者）の能力において違いがあった。

ちなみにまた、入会希望者の違いは出身階級にもあった。後述されるように、《イングランド&ウェイルズ勅許会計士協会》（とスコットランドの二勅許団体）は年季奉公の謝金を支払う余裕のない者を締め出していた。経済力のない者はいわば門前払いだった。他方、《会計士ロンドン協会》は、年季奉公を入会条件としないことの理由が謝金を支払う余裕のない者の存在にあること、これを明言していた。

これも第三階級の《会計士中央協会》は三年間の会計実務従事と中間試験の合格を入会条件としていた。この条件による入会者には「開業有資格者《ライセンシアット》」という肩書きがあたえられた。「開業有資格者」の上には「正会員《フェロウ》」という肩書きがあった。正会員にはふたとおりの資格要件があった。ひとつは最終試験の合格、「開業有資格者」の肩書きを得てから五年を経過していること、そして公共会計士業に五年以上、従事していることだった。もうひとつは勅許団体（四勅許団体のどれか）における最終試験の合格と公共会計士業にかんして十分な経験を有することなどだった。ただし、以上のことは一九二九年三月づけの新定款によっていた。旧定款は試験の合格を必須の入会条件とはしていなかった。たとえば一九三〇年三月以前の一五年間における試験の合格率は中間試験が六六%、最終試験がおよそ七〇%だった。予備試験もあるにはあったが、実施されていたかどうかは定かでない。なお、年季奉公は不要だった。**会計プロフェッションはあらゆる階級のひとびとに門戸を開くべきである。**これがこの団体の主張だった。

会計士団体はまだまだあった。なかには試験制度をもたない団体もあった。

これも第三階級の《認可公共会計士協会》は、会計実務にかんして十分な経験を有すること、これだけを入会条件としていた。しかも、入会に必要な会計実務従事の長さは曖昧にされていた。

第四階級の《プロフェッショナル会計士連合》は、簿記と会計の理論と実務に通じていること、これをメンバーの資格要件としていた。ただし、このことを確認する試験はなかった。この団体はどの団体にも属さない会計士の保護を設立の主目的としていた。保護すべき対象はこの団体のメンバー（この団体にしか属さない会計士）だけではなかった。したがって、メンバーの資格要件は明確であることを要しない。これが試験制度をもたないことについての説明だった。

これも第四階級の《監査人協会》にはふたとおりの入会申し込み条件（入会条件ではない）

があった。ひとつは五年間の会計実務従事、もうひとつは特定の会計士団体に五年以上、属していることだった。試験制度はなかったが、入会許可率は一〇％程度にしか過ぎなかった。

ステイタスの序列

諸団体のステイタスはよっつの階級をもってとらえることができた。第一階級に位置したのは、むろん、《エディンバラ会計士協会》をはじめとする四勅許団体、第二階級に位置したのは《法人会計士監査人協会》だった。

第三階級の諸団体はこの五団体（よりステイタスの高い団体）との無差別化を目指していた。そのためにはメンバーの資格要件においてこの五団体に倣う必要があった。第三階級にあって試験制度をもたなかったのは《認可公共会計士協会》だけだった。《会計士ロンドン協会》は試験のむずかしさをアピールしていた。

第三階級の諸団体は、自分が勅許団体よりも下に位置していること、これを自認していた。たとえば《会計士中央協会》は、勅許団体における最終試験の合格、を自身の入会条件として認めていた。ただし、忖度すれば、そこには積極的な狙いがあった。アソシエイティッド・アカウンタントの地位を勅許会計士のそれに近づける。おそらくはこれが狙いだった。

ただしまた、条件に緩みをもたせること、これも必要だった。**数は力**、だった。勢力を増すためには入りやすさが必要だった。年季奉公は要求されず、また、(予備試験だけでなく)中間試験についてもこれを免除されるばあいがあった。

そうしたなか、《社団法人会計士社》だけは、評議員会は入社希望者に年季奉公を要求することができる、としていた。この団体は第三階級では最古参だった。いわく、「決して雨後のタケノコ《マッシュルーム》団体ではありません」。一八九一年に設立された《社団法人会計士社》は三番目に古い団体であることをアピールしていた。**随分と手前勝手な数え方だった。**たぶん、スコットランドの三勅許団体をひとまとめにして一番目、《イングランド&ウェイルズ勅許会計士協会》を二番目、一九〇八年に《会計士監査人協会》(一八八五年設立)から改称された《法人会計士監査人協会》を四番目とする。そうしたばあいの三番目だった。

なお、《プロフェッショナル会計士連合》や《監査人協会》などといった第四階級の諸団体、これらは**どうみても雨後のタケノコ団体だった。**

年季奉公の謝金

一部の団体にはいわば金銭的な参入障壁があった。年季奉公の謝金だった。

前述のように、年季奉公を必須としていたのは勅許会計士の団体だった。《イングランド&ウェイルズ勅許会計士協会》はスコットランドの勅許団体を範とし、また、スコットランドの勅許団体は司法プロフェッションに倣っていた。ただし、謝金については各団体各様だった。

スコットランドの勅許団体は早くから年季奉公について規定していた。まずは《エディンバラ会計士協会》だった。年季奉公にかんする規定が設けられたのは勅許状の取得後、間もなくのことだった。期間は原則として五年、また、謝金は一律一〇〇ギニー（一〇五ポンド）とされた。ちなみに、この規定が設けられる前の謝金はまちまちだった。ただのばあいもあれば一五〇ポンドを超えるばあいもあった。一〇〇ギニーはまとまった金だった。労働者階級の出身者にとっては**容易ならぬ大金だった**。したがって、年季奉公人はその大半が中産階級以上の出身者によって占められていた。ただし、謝金は年季奉公中に賃金の形で返却されることがあった。賃金は雇い主によってまちまちだった。

五年間の賃金が謝金よりも遥かに多いこともあった。とはいえ、いずれにしても、一〇〇ギニーを容易ならぬ大金とするひとびと（これを一時《いちどき》に支払う余裕のないひとびと）は締め出されていた。

後続の二団体もまた、ごく早い時期から年季奉公にかんする規定を有していた。ただし、グラスゴウには年季奉公について謝金を支払うという慣わしがなく、したがって、《グラスゴウ会計士保険数理士協会》の規定がこれに言及することはなかったし、他方また、《アバディーン会計士協会》では謝金は初め一律四〇ギニー（四二ポンド）とされ、のちに一律五〇ギニー（五二ポンド一〇シリング）とされた。

《イングランド&ウェイルズ勅許会計士協会》は雇い主に謝金の額を決めさせていた。ただし、概して高額だった。大手事務所のばあい、一九世紀の末葉には二〇〇ギニー（二一〇ポンド）ないし三〇〇ギニー（三一五ポンド）程度とされ、また、一九二〇年代には二五〇ギニー（二六二ポンド一〇シリング）ないし五〇〇ギニー（五二五ポンド）程度とされていた（ちなみに、《エディンバラ会計士協会》では一九三〇年現在、やはり一律一〇〇ギニーとされていた）。高額の謝金はいきおい年季奉公人の出身階級を限定していた。たとえば〈プライス、ウォーターハウス&Co.〉では五〇〇ギニーの謝金が要求されていた。しかも、年季奉公中はただ働きだった。この事務所の**年季奉公人は上層中産《アッパー・ミドル》階級の出身者に限られていた。**

おそらくこうした情況は第二次世界大戦期までつづいていた。たとえば〈クーパー・ブラザーズ&Co.〉が謝金の要求をやめたのはこの大戦後になってからのことだったし、また、〈デロイト、プレンダー、グリフィスズ&Co.〉がこの慣わしを廃したのは一九四五年のことだった。なお、この二事務所はどちらも五〇〇ギニーの謝金を要求していた。一方、〈プライス・ウォーターハウス&Co.〉がようやく謝金制度の廃止と賃金（年一〇〇ポンド）の支給に踏み切ったのは一九五二年のことだった。

ただし、第一階級の諸団体による年季奉公の要求、これ自体は不変だった。**勅許会計士の質は年季奉公をもってこそ保たれる。**おそらくこれに異存はなかった。《イングランド&ウェイルズ勅許会計士協会》がW・E・パーカーを委員長とする委員会（通称「パーカー委員会」）を設置したのは一九五八年のことだった。教育と訓練にかんする委員会だった。年季奉公と試験の合格を入会条件とする従来の方針は改めるべきではない。これが委員たちの総意だった＊2。

第二節　会計士登録制度

登録制度をめぐる論議

一九三〇年、ゴッシェン子爵を委員長として設置された商務省委員会（通称「ゴッシェン委員会」）に付託されたのは、会計プロフェッションの従事者を法によって設けられた登録簿に氏名が記載されている者に限ることの可否、についての検討だった。

こうした会計士登録制度をめぐる論議は以前からあったし、また、この制度についてはすでにいくつもの法案が提出されていたが、どれも不首尾に終わっていた。

ゴッシェン委員会には会計士団体、その他のプロフェッショナル団体（たとえば事務弁護士の団体）、政府機関、会計士団体に属していない会計士などから意見書が提出されているが、既述のように、また、**表18**にしめされるように、このとき意見書を提出した会計士団

＊2　このパーカー委員会については後述される。

表 18　ゴッシェン委員会に意見書を提出した会計士団体

	法人格取得年	メンバー数	登録制度の導入にたいする態度
《エディンバラ会計士協会》	1854年（勅許） （1853年設立）	952	反対
《グラスゴウ会計士保険数理士協会》	1855年（勅許） （1853年設立）	1,825	反対
《アバディーン会計士協会》	1867年（勅許） （1866年設立）	163	反対
《イングランド＆ウェイルズ勅許会計士協会》	1880年（勅許）	9,047	反対
《法人会計士監査人協会》	1885年	5,225	賛成
《社団法人会計士社》	1891年	1,927	賛成
《地方自治体収入役会計士協会》	1901年 （1885年設立）	642	賛成
《認可公共会計士協会》	1903年	175	賛成
《会計士ロンドン協会》	1905年	2,900	賛成
《会計士中央協会》	1905年	739	賛成
《原価会計士工場会計士協会》	1919年	796	賛成
《救貧法会計士協会》	1923年	409	不明
《会計士監査人イギリス協会》	1923年	333	賛成
《統計専門家会計士協会》	1927年 （1925年設立）	300	賛成
《プロフェッショナル会計士連合》	1927年	158	賛成
《監査人協会》	1928年 （1927年設立）	200	賛成
《会社会計士協会》	1929年 （1928年設立）	600	消極的に賛成

体は一七にものぼっている。

この一七団体のメンバーの資格要件、すなわち一七種の有資格会計士の資格要件はさまざまだった。

既述のように、勅許団体はどれも五年間（ないし三年間）の年季奉公と試験の合格を入会条件としていた。勅許団体以外の或る団体は勅許団体と同様、五年間（ないし三年間）の年季奉公と試験の合格を要求していたが、これも既述のように、特定の者については年季奉公を免除していた。また、これも既述のように、なかには試験制度をもたない団体もあった。試験制度をもたない或る団体は会計士かクライアントによって書かれた推薦状二通を要求していた。

他方、会計士の仕事は会計士団体のメンバー（有資格会計士）だけによっておこなわれていたわけではなかった。会計士業の従事者のなかにはどの会計士団体にも属していない者もあった。その多くは十分な専門的技倆の持ち主だったが、なかには会計士の仕事の一部だけに通じている者もあった。

また、銀行や事務弁護士が顧客《カスタマー》やクライアントのために会計士の仕事（たとえば所得申告書の作成）をおこなうことは珍しくなかったし、金貸し業者や貸し金取り立て代行業者のなかには「会計士」と自称する者が少なくなかった。さらにまた、所得査定官（内国歳入庁の官吏〉を辞した者が税務のスペシャリストとして会計士の仕事に携わることも少なくなかった。

だれもが会計士の仕事に携わることができた。ひとびとは会計プロフェッションの従事者として十分な資格を有する者とそうでない者の区別に困り、また、会計士団体の多さやそのメンバーの資格要件の多様性に当惑していた。

これまた**表18**にしめされるように、会計士登録制度の導入については会計士団体のあいだにも賛否両論があった。

《エディンバラ会計士協会》によれば、この制度はすべての会計士を同等に遇するもので、すでに社会的信用を得ている団体によって保たれている会計士の質を低下させるものだった。

また、**そもそも何をもって会計士の仕事とするか**、という問題があった。会計士の仕事はきわめて広汎にわたっていたことから、これを明確に定義することは容易ではなかった。《グラスゴウ会計士保険数理士協会》によれば、会計士の仕事を明確に定義しないまま、その独占をだれかに認めることは適当でなかった。この協会と《アバディーン会計士協会》はどちらも、登録制度は公益の増進に資するものではない、としていた。《イングランド&ウェイルズ勅許会計士協会》も登録制度の導入に反対していた。同協会によれば、この制度にたいする社会的要求は認められなかった。同協会にすれば適格とは認めがたい団体のメンバーが大挙、登録を求めて押し寄せるおそれがあった。

他方、《法人会計士監査人協会》は会計プロフェッションが法によって整序されることに強く賛成していた。同協会によれば、会計士団体の急増は会計プロフェッションの価値を損なうおそれがあった。そうした事態を避けるためには登録制度が必要だった。

《社団法人会計士社》、《地方自治体収入役会計士協会》、《会計士ロンドン協会》の三団体はどれも、登録制度は公益の増進に資する、という意見だった。たとえば《会計士ロンドン協会》は、登録制度の導入によって諸団体間の勢力争いが減少をみ、その結果、諸団体は協同して会計プロフェッション全体の水準を高めてゆくことになる、としていた。

また、《認可公共会計士協会》、《会計士中央協会》、《統計専門家会計士協会》の三団体は、登録制度の導入によって不適格な会計士を排除することができる、と主張していた。

エリート団体の反対

このように会計士登録制度の導入に反対していた四団体はどれも古参の勅許団体だった。勅許団体はかつて自ら登録制度にかんする法案を作成していた。第六章に述べられたように、たとえば一八九三年に国会に提出された公共会計士（第二）法案を作成したのは《イングランド&ウェイルズ勅許会計士協会》だった。この法案作成における同協会の意図はさて措き、この法案の規定それ自体は同協会を登録制度の担い手とし、もって同協会とよりステイタスの低い団体との差別化をもたらすものだった。

しかしながら、今般、その導入の可否が検討されている登録制度は諸団体の無差別化をもたらすおそれがあった。

この制度はさまざまな会計士を同格に遇するものだった。**われわれ勅許会計士は別格である。**そう主張するかれらが引き合いに出したのは年季奉公の重要性だった。

会計士の仕事の定義

会計士登録制度を設けるさいにまず問題となるのは会計士の仕事の定義だった。会計士は実に多様な仕事を手掛けていた。他のプロフェッションの仕事をふくむことなく会計士の仕事を定義することは不可能だった。前述の《グラスゴウ会計士保険数理士協会》による指摘は至当だった。

さらにまた、他方、会計士以外の者が会計関係の仕事を手掛けることも珍しくなかった。

たとえばスコットランドの僻地のなかには、会計関係の事柄について助言することができるのは弁護士か銀行の外交員だけ、という地域もあった。

こうした問題については、いわば部分的な登録制度にとどめるという解決策があった。たとえば監査という仕事についてだけ登録制度によってその担い手を限定するといった策だった。

なお、会社法は監査人を会計士に限ってはいなかった。有意味な監査、実効のある監査の担い手には専門性（専門的技倆）が求められるべきだったが、第三章に述べられたように、まずは株主監査人のメリット、デメリットをめぐる論議があった。**監査人の専門性が会社法上、積極的に求められるにいたったのは一九四七年のことだった。**監査人を、商務省が適当と認めたイギリスの会計士団体のメンバー等、に限ったのは一九四七年の会社法だった。

安堵と落胆

ゴッシェン委員会は、会計士登録制度の導入は公益の増進に資するものであるかどうか、という点を中心に論議した結果、「会計プロフェッションの従事者を法によって設けられた登録簿に氏名が記載されている者に限ることは望ましくない」と結論した。

会計士団体の反応は、むろん、各団体各様だった。

この結論に安堵した《イングランド&ウェイルズ勅許会計士協会》の会史は「ゴッシェン委員会によれば、登録制度にたいする社会的要求は認められなかったし、また、公共会計士というものを遺漏なく定義することは困難であった。さらにまた、同委員会は、会計プロフェッション全体にたいして唯一の資格基準を適用することは公益の増進に資する、という主張には同意しえなかった」と分析しているが、他方また、たとえば《認可会計士法人会計士協会》（一九三九年に《社団法人会計士社》と《会計士ロンドン協会》の合併によって誕生）の会史は開口一番、次のように嘆いている。「ゴッシェン委員会の結論には落胆させられた」。

登録制度をもつプロフェッション

前出のカー‐サンダース&ウィルスンの *The Professions* によれば、当時のイギリスで登録制度を有するプロフェッションは次のどれかに該っていた。

①生命にかかわるサーヴィスを提供するプロフェッション——医師、歯科医師、獣医師、薬剤師、看護婦、助産婦
②信認（fiduciary）関係にもとづいてサーヴィスを提供するプロフェッション——法廷弁護士、事務弁護士、弁理士
③安全にかかわるサーヴィスを提供するプロフェッション——商船員、鉱山管理者
④国か地方自治体を雇傭者とするプロフェッション——公務員、公費助成学校の教員
⑤自ら登録制度を欲したプロフェッション——建築家

①、③については会計士がこれらに該当しないことはいうまでもなく、また、④についても大方の会計士はこれに該らないが、他方、会計士の仕事は信認関係（高度の忠実義務をともなう関係）にもとづく。しかしながら、②にかんしては、クライアントの性格やサーヴィスが必要とされる情況、が問題となる。すなわち、カー－サンダースらによれば、③に該当することをもって登録制度を有するプロフェッション（司法プロフェッション）（そして①に該当することをもって登録制度を有するプロフェッション（医療プロフェッション））にはふたつの特徴、すなわち、すべてのひとびとを潜在的なクライアントとしていること、と、

サーヴィスを必要とするひとびとの大方が差し迫った情況に置かれていること（すなわち、依頼先の選択について熟慮する余裕をもたないこと）、が認められ、会計士は②には該当しながらも、このふたつの特徴はもたず、こうして⑤が残る。

⑤の例は建築家だった。このプロフェッションの登録制度については一九三一年の建築家（登録）法がこれを定めたが、同法が成立をみるまでにはかなりの曲折があった。（詳細は割愛されるが）内輪揉めが繰り返され、一九三一年法が成立をみるまでには夥《おびただ》しい法案が廃案となっていた。

会計士も同様だった。

既述のように、会計士も自ら登録制度を欲し、事実、この手の制度にかかわる法案を何度も作成していた。

このプロフェッションもまた内輪揉めを繰り返していた。内輪揉めはこれすなわち諸団体間の勢力争いだった。**登録制度が求められたのは内輪揉めがあってこそのことだった。**この手の制度はあるいはよりステイタスの低い団体との差別化の手段だったし、また、あるいはよりステイタスの高い団体との無差別化の手段だった。したがって、この制度は諸団体が挙げてこれを欲したことは終ぞなく、繰り返されたのは足の引っ張り合いだった。**この制度をもつことが叶わなかったのはこれも内輪揉めの所為だった。**

限定の意味

登録制度は結局、限定を意味するが、これには大別、次のふたとおりのものが認められる。

ⓐ或る肩書きを用いることができる者の限定
ⓑ或る仕事に携わることができる者の限定

たとえば一八九六年の勅許会計士法案は「勅許会計士」、「公共会計士」、「プロフェッショナル会計士」という肩書きについてその使用を被登録者だけに認め、また、前出の一八九三年の二法案は、既述のように、各様に《会計士監査人協会》側の法案は「プロフェッショナル会計士」、「公共会計士」という肩書きについて、勅許団体側の法案は「勅許会計士」、「公共会計士」という肩書きについて）同様に定めていた。すなわち、どれもⓐだった。

一方、ゴッシェン委員会に付託されたのは、会計プロフェッションの従事者を……限ること、すなわちⓑについての検討だった。しかしながら、そこには会計士業の定義、すなわち、そもそも何をもって会計士の仕事とするか、という問題が立ち開《はだ》かっていた。会計士業を定義しないまま、その従事者を限定することは無意味だった。

登録制度の意義は複数の団体の存在がこれをもたらしていた。会計プロフェッションは夥しい団体を有していた。もっとも、それぞれが(あるいは監査を手掛けるひとびとの団体、あるいは税務を手掛けるひとびとの団体などといったように)メンバーの仕事を違えていれば問題はなかった。それぞれの仕事ごとに唯一の団体(資格付与団体)が存在し、それぞれの仕事ごとに唯一の資格が付与されていたのであれば問題はなく、おそらく登録制度は無用だった。しかしながら、資格の多くは不特定の会計士の仕事についてのそれだった。すなわち、先述のように(勅許団体を除く)大方の会計士団体は個々別々の肩書きをそのメンバーにあたえていたが、これは仕事について個々別々ということでは決してなく、したがって、登録制度には意義があった。

しかしながら、結局、ゴッシェン委員会に「従事者を……限ることは望ましくない」と結論させたのは結局、これも(利害を違える)複数の団体の存在だった。

監査人の限定

前述のように「会計プロフェッションの従事者を……限ること」については会計士業の定義という難題があったが、これを解決できないばあい、残された途は特定の仕事についての限定だった。

監査人のばあい、既述のように、実情としては勅許会計士がその粗方を占めていたとはいえ、法はなかなか限定について定めなかった。

ゴッシェン委員会における論議から姑《しばら》くのち、ようやく法は会社の監査人を限定、既述のように、一九四七年の会社法だった。

第二三条（骨子）

次のいずれかに該当しない者は会社の監査人として適格とはされないものとする。

・**商務省が適当と認めた会計士団体のメンバー**

・イギリス国外において同様の資格を得ていることによって商務省が適格と認めた者ほか（省略）

まずは団体の限定による限定だった。この規定はやがてまとめられたいわゆる基本法（一九四八年の会社法）にほぼそのまま、収められ＊3、ここに商務省は《エディンバラ会計士協会》、《グラスゴウ会計士保険数理士協会》、《アバディーン会計士協会》、《イングランド&ウェイルズ勅許会計士協会》、《法人会計士監査人協会》、《認可会計士法人会計士協会》、《アイルランド勅許会計士協会》の七団体を適当と認めるにいたっていた。

第三節　年季奉公

差別化の手段

勅許団体はその他の団体との差別化に意を払っていた。勅許団体はそのメンバーの資格

＊3　イギリスの会社法では「基本法（principal act）」と称されるものが何十年か置きに設けられ、これは具体的には一八六二年の会社法（第二章に述べられたように、「会社にかんするマグナ・カルタ」とも呼ばれる体系的な会社法の嚆矢）を嚆矢とし、一九〇八年の会社（統一）法、一九二九年の会社法、一九四八年の会社法、一九八五年の会社法とつづく。

この間の諸会社法（基本法以外の諸会社法）はすべて、そのときの基本法にたいする改正法、として位置づけられ、たとえば一八六二年の基本法が成立したのち（次の一九〇八年の基本法が成立するまで）の諸会社法はすべて一八六二年法の改正法として位置づけられ、何十年かが経ち、そうした改正が溜まったところで、それらを整理して体系的にまとめ上げ、次の基本法が設けられる。

したがって、一九四七年の会社法は一九二九年の基本法の改正法として位置づけられ、また、その規定は翌一九四八年の基本法に収められることになった。

要件としての年季奉公、これをいわば差別化の手段としていた。

既述のように、ゴッシェン委員会で検討されたのは会計士登録制度の是非だった。この制度の導入に反対していたのは勅許会計士たちだった。そうしたかれらが引き合いに出したのは**年季奉公の重要性**だった。

「おそらく試験の合格にくわえて……勅許会計士事務所における年季奉公を入会条件としているのは勅許会計士の協会だけであります」(《イングランド&ウェイルズ勅許会計士協会》の会長W・プレンダーの証言)。

「われわれは年季奉公中に受ける訓練をきわめて重視しております」(《グラスゴウ会計士保険数理士協会》の意見書)。

「年季奉公人が監査の実務を経験することは……試験に合格することよりも遥かに重要であります」(同協会の前会長P・リントウルの証言)。

「(年季奉公は)絶対に必要であります」(《アバディーン会計士協会》の事務局長J・レイドの証言)。

「諸協会(スコットランドの三勅許協会)は当初から会計士事務所における奉公によって得られる実務経験を格別に重視し、現在にいたるまで、これを不可欠の入会条件としてきております」(《エディンバラ会計士協会》の意見書)。

法曹の先例

勅許会計士は年季奉公によってその質を保っていた。既述のように、勅許会計士の四団体はその誕生後、間もない時期から年季奉公にかんする規定を有していた。会計プロフェッションの先駆者たちは司法プロフェッションの先例に倣っていた。

前出のピクスリィは一八八五年、《イングランド&ウェイルズ勅許会計士協会》のメンバー志望者にたいしておこなった講演で次のように述べている。「入会希望者にたいしては司法プロフェッションの事務弁護士について以前から設けられているものと同様の条件による年季奉公が求められています」。

たとえばイングランドで代訴人《アトーニ》か事務弁護士を志す者は一七三〇年一二月一日以降、年季奉公を強制されていた。同日以降、代訴人を志す者は代訴人の下において五年間、年季奉公人を務めなければならず、また、事務弁護士を志す者は事務弁護士の下において五年間、年季奉公人を務めなければならない、としたのは一七二九年の代訴人事務弁護士法だった。

年季奉公には相当の経済力が必要だった。謝金は高額だった。一八世紀のロンドンではおよそ一〇〇ポンドがその平均だった。謝金のほかに印紙税があった。年季奉公の契約書には印紙を貼附しなければならなかった。この世紀末葉のロンドンでは一〇〇ポンドの印紙が必要だった。ちなみに、一八世紀のイングランドにおけるひとびとの平均年収は七五ポンド程度だった。

年季奉公人の存在は弁護士事務所では早くから普通のことだったが、他方、会計士事務所のばあいにはかならずしもそうではなかった。事実、一八八〇年代の半ばにいたっても、いまだ年季奉公人をもったことのない会計士事務所が少なくなかった。

また、初期の勅許会計士たちは皆が皆、会計士事務所における年季奉公を経て会計士の仕事に就いていたわけではなかった。弁護士事務所で仕事を学んだ者もまれではなく、たとえば前出のジェイミースンはアバディーンの上級弁護士《アドヴォケイト》の事務所で年季奉公人を務めている。

もっとも、当時のスコットランドにあって会計士は司法プロフェッションの一員とみなされ、会計関係の仕事は司法プロフェッションの仕事とみなされていた。

試験制度の整備

スコットランドの三勅許団体はどれも早くから年季奉公について規定していたが、当初は一六歳以上であることだけを年季奉公の開始条件としていた。年季奉公人を銓衡するための試験はなく、また、年季奉公の中途にある者が試験によってその習熟度を測られることもなかった。試験はのちの最終試験に相当するものだけがおこなわれていた。

プロフェッションとしての地歩を固めるには改革が必要だった。改革の動きは一八七二年、《エディンバラ会計士協会》の年次総会をもってはじまった。試験制度の見直しを提議したのは評議員ジェイミースンだった。

やがて導入をみたのは三段階からなる試験制度だった。《エディンバラ会計士協会》では一八七三年のことだった。予備試験、中間試験が新設され、既存の試験は「最終試験」と称されることになった。年季奉公人は一般教養科目にかんする予備試験によって銓衡されるものとされ、また、中間試験は年季奉公の第三年次に受けるものとされた。

なお、中間試験、最終試験については（かならず受験しなければならない科目のほかに）希望者だけが受験する科目が設けられた。ただし、わざわざ余分の科目を受験する者が多く現われるはずはなかった。**向学心を煽《あお》るためにニンジンが用意された。**全科目の高得点者を支給対象とする奨励金だった。かなり高額のニンジンだった（中間試験については年二〇ポンド（二年間）、最終試験については年三〇ポンド（三年間））。しかしながら、このニンジンには効き目がなく、受験者は数えるほどしか現われなかった。

他方、《イングランド&ウェイルズ勅許会計士協会》はその誕生後、間もない時期から三段階の試験制度を有していた。むろん、スコットランドの勅許団体に倣ってのことだった。

年季奉公制度の堅持

「当協会のメンバーの資格はその根本的な性格においてこれを改めるべきではない」。これが既出のパーカー委員会の結論だった。すなわち、年季奉公と試験の合格を入会条件とする従来の方針はこれを固持すべき、ということだった。

一九五八年、《イングランド&ウェイルズ勅許会計士協会》の評議員会からパーカー委員会に付託されたのは、会計プロフェッションに従事しようとしている者にたいする適切な教育と訓練、についての検討だった。同委員会は入会希望者の教育と訓練にかんする同協会の現況について入念な議論を重ね、その報告書を一九六一年に公表している。

同委員会によれば、入会希望者が身につけるべきものは同協会のメンバーに相応しい倫理感、ものの見方、および振る舞い方、専門的な学識、ならびに実務経験だった。これら（専門的な学識を除く）を身につけるには年季奉公こそが最適だった。

パーカー委員会は年季奉公制度についていくつかの改革案を提示しているが、ただし、改革案には、むろん、年季奉公制度の存続が前提されていた。おそらく委員たちはこの制度の存続を不動の所与とみなしていた。

いずれにしても、入会希望者にたいする**訓練は今後も年季奉公制度をもっておこなわれるべき**、ということだった。

一九世紀イギリスの勅許会計士志望者

たとえば一八八〇年代の半ばにあって《イングランド&ウェイルズ勅許会計士協会》のメンバーを志す若者はおおよそ次のような途をたどっていた。

まずは予備試験だった。年季奉公をはじめるためにはこの試験の合格（そして一六歳以上であること）が必要だった。ただし、奉公先として選択した事務所には予備試験を受ける数か月前に入るのが通例だった（もっとも当面の仕事は受験勉強だった）。予備試験は年二回、六月と一二月の第一週におこなわれていた。試験場はロンドンだけでなく、地方都市（バーミンガム、ブリストル、リヴァプールなど）にも設けられていた。試験科目は次のとおりだった。

・書き取り
・作文
・算数
・代数

・幾何
・地理
・イングランド史
・初等ラテン語
・指定された一〇科目（ラテン語、古代ギリシャ語、物理など）のなかから受験者の選択する二科目（ただし、うち一科目は外国語であることを要する）

年季奉公の謝金は概して高額だった。小規模な事務所のばあいに五〇ギニー（五二ポンド一〇シリング）ということもあったが、大規模な事務所のばあいには最低でも一〇〇ギニー（一〇五ポンド）、また、高名な大手事務所については二〇〇ギニー（二一〇ポンド）が通り相場だった（もっとも法曹志望者のばあいと較べれば、まだ増しだった。法曹志望者の年季奉公については三〇〇ギニー（三一五ポンド）が当時の通り相場だったし、また、一八五三年に八〇ポンドに引き下げられていたとはいえ、依然、印紙税が課せられていた）。ただし、高額の謝金を要求する事務所にはそれ相応の価値があった。大規模な事務所では広汎な仕事を学ぶことができた。しかし、それだけではなかった。より大きな価値は事務所の名前にあった。高名な事務所の年季奉公人は前途有為の会計士志望者とみなされていた。会計士としての将来は年季奉公先の選択がこれを左右していた。

年季奉公人として過ごす五年間はおおよそ次のようなものだった。

当初の一年ないし一年半のあいだは計算書類の複写、帳簿記入、利息の計算などといった単純な仕事に携わるのが通例だった。こうした仕事を通じて学ぶべきは正確な仕事振りの重要性、すなわち、会計士の仕事においては些細なミスも許されない、ということだった。次にやってくる仕事は監査の補助だった。監査を手掛ける上級事務員に就いて各種帳簿上の計算や転記のチェック等に従事し、また、当該上級事務員から監査の実務にかんする基本的な事柄を学ぶ。その後、監査以外の仕事についても同様の機会があたえられる。実務を学ぶかたわらテキストを繙《ひもと》く。

やがて中間試験。この試験は年季奉公の開始から二年半を経過したのちに受けるものとされていた。中間試験は年二回、六月と一二月の第二週におこなわれていた。試験場はロンドンだけに設けられていた。この試験は左記の四科目についておこなわれ、たとえば「資本と利益の異同について述べよ」、「帳簿上の銀行預金残高の検証方法について述べよ」、「パートナーが死亡したさいの利益の分配方法について述べよ」などといった問題が出されていた。

表 19 《イングランド＆ウェイルズ勅許会計士協会》の試験

	予備試験		中間試験		最終試験	
	受験者数	合格者数	受験者数	合格者数	受験者数	合格者数
1882 年　第 1 回	13	5	－	－	25	15
第 2 回	19	10	－	－	17	14
1883 年　第 1 回	41	24	12	10	29	23
第 2 回	29	20	23	22	34	18
1884 年　第 1 回	42	28	53	36	55	40
第 2 回	46	30	67	57	64	34
1885 年　第 1 回	39	21	32	27	70	43
平均合格率（％）	60		81		64	

・簿記と計算書類
・監査
・パートナーシップと遺言執行者の計算書類
・清算人、破産管財人、収益管理人の権利と義務

なお、**表19**にしめされるように、合格率はこの試験がずば抜けて高かった。受験者の五分の四が合格していた。おそらく中間試験は銓衡のための試験ではなく、テキストによる学習のいわば効果測定をその主たる役割としていたからだった（他方、予備試験は年季奉公人を銓衡するための試験、また、最終試験はメンバーを銓衡するための試験だった）。

最終試験は中間試験の合格から二年を経過したのちに受けるものとされていた。最終試験に合格するためにはかなり多くのテキストを読破する必要が

あった（なお、適当なテキストは評議員会がそのリストを公表していた）が、中間試験の合格後は仕事量が増え、したがって、勤務時間中にテキストに向かうのはむずかしかった。最終試験は年二回、六月と一二月の第三週におこなわれていた。試験場はロンドンだけに設けられていた。試験科目は次のとおりだった。

・簿記と計算書類
・監査
・パートナーシップと遺言執行者の計算書類
・清算人、破産管財人、収益管理人の権利と義務
・株式会社にかんする法の原則
・商事法の原則
・仲裁判断の抗弁にかんする法の原則

この試験に合格し、年季奉公を終える。いよいよ入会だった。入会申請書には雇い主の手になる証明書を添附するものとされていた。入会金は一〇ポンド一〇シリングだった。

文　献

Brewster, M., *Unaccountable: How the Accounting Profession Forfeited a Public Trust*, 2003.

ブルースター、マイク『会計破綻――会計プロフェッションの背信』（友岡賛監訳、山内あゆ子訳）税務経理協会、二〇〇四年。

Brown, R. (ed.), *A History of Accounting and Accountants*, 1905.

Carr-Saunders, A. M. and Wilso, P. A., *The Professions*, 1933.

Dicksee, L. R., *Auditing: A Practical Manual for Auditors*, 1892.

Francis, D., *Risk*, 1977.

フランシス、ディック『障害』（菊池光訳）早川書房、一九七九年。

Heiton, J., *The Castes of Edinburgh*, 1861.

Howitt, H., *The History of the Institute of Chartered Accountants in England and Wales 1880-1965 and of Its Founder Accountancy Bodies 1870-1880: The Growth of a Profession and Its Influence on Legislation and Public Affairs*, 1966.

Jones, E., *Accountancy and the British Economy1840-1980: The Evolution of Ernst & Whinney*, 1981.

Jones, E., *True and Fair: A History of Price Waterhouse*, 1995.

Kettle, R., *Deloitte & Co. 1845-1956*, 1958.

Millerson, G., *The Qualifying Associations: A Study in Professionalization*, 1964.

日本公認会計士協会二五年史編さん委員会（編）『公認会計士制度二五年史』日本公認会計士協会、一九七五年。

太田哲三『近代会計側面誌――会計学の六〇年』中央経済社、一九六八年。

Osbourn, F.C. and Bell, R.T., *Fifty Years: A Story of the Association of Certified and Corporate Accountants 1904-54*, 1954.

Parker, R. H., *The Development of the Accountancy Profession in Britain to the Early Twentieth Century*, 1986.

パーカー、R・H『会計士の歴史』（友岡賛、小林麻衣子訳）慶應義塾大学出版会、二〇〇六年。

Pixley, F. W., *The Profession of a Chartered Accountant : And Other Lectures, Delivered to the Institute of Chartered Accountants in England and Wales, the Institute of Secretaries, & c., & c.*, 1897.

Pixley, F.W., *Auditors:Their Duties and Responsibilities under the Companies Acts, Partnership Acts, and Acts Relating to Executors and Trustees,and to Private Audits*, 10th ed., 1910.

Richards, A. B., *Touche Ross & Co. 1899-1981: The Origins and Growth of the United Kingdom Firm*, 1981.

Robb, G., *White-Collar Crime in Modern England: Financial Fraud and Business Morality, 1845-1929*, 1992.

Scott, W., Letter to Thomas Scott, 23 Jul. 1820, in Lockhart, J. G., *Memoirs of the Life of Sir*

Walter Scott, Bart., new ed., 1842.
Smout, T. C., ***A History of the Scottish People 1560-1830***, 1969.
友岡賛『近代会計制度の成立』有斐閣、一九九五年。
友岡賛『会計プロフェッションの発展』有斐閣、二〇〇五年。
Winsbury, R., *Thomson McLintock & Co.: The First Hundred Years*, 1977.
「学者・エコノミストが選んだ二〇〇四年『経済書』ベスト三〇」『週刊ダイヤモンド』第九二巻第四九号、二〇〇四年。
「けいざい楽校　会計士、スコットランドに起源」『日本経済新聞』第四三三一〇号、二〇〇六年。
「登場　合理性貫く再編仕掛け人」『日本経済新聞』第四四三二四号、二〇〇九年。
（洋書の発行所は省略した。）

以上は原則として本書に直接に引用、言及されたものの一部に限られている。これ以外の文献については友岡『近代会計制度の成立』、友岡『会計プロフェッションの発展』の文献リスト等をみよ。

著者紹介

友岡　賛（ともおか　すすむ）

慶應義塾大学教授
博士（慶應義塾大学）

著書等
『近代会計制度の成立』有斐閣，1995 年
『アカウンティング・エッセンシャルズ』（福島千幸との共著）有斐閣，1996 年
『歴史にふれる会計学』有斐閣，1996 年
『株式会社とは何か』講談社（現代新書），1998 年
『会計学の基礎』（編）有斐閣，1998 年
『会計破綻――会計プロフェッションの背信』（監訳）税務経理協会，2004 年
『会計プロフェッションの発展』有斐閣，2005 年
『会計士の歴史』（小林麻衣子との共訳）慶應義塾大学出版会，2006 年
『会計の時代だ――会計と会計士との歴史』筑摩書房（ちくま新書），2006 年
『12 歳からはじめる賢い大人になるためのビジネス・レッスン　「会計」ってなに？』税務経理協会，2007 年
『なぜ「会計」本が売れているのか？　「会計」本の正しい読み方』税務経理協会，2007 年
『会計学』（編）慶應義塾大学出版会，2007 年
『六本木ママの経済学』中経出版（中経の文庫），2008 年
『会計学はこう考える』筑摩書房（ちくま新書），2009 年

著者との契約により検印省略

平成22年3月1日　初版第1刷発行

会計士の誕生
――プロフェッションとは何か

著　　者　友　岡　　　賛
発行者　大　坪　嘉　春
印刷所　税経印刷株式会社
製本所　牧製本印刷株式会社

発行所　東京都新宿区下落合2丁目5番13号　株式会社 税務経理協会
郵便番号 161－0033　振替 00190－2－187408　電話(03)3953－3301(編集部)
FAX(03)3565－3391　(03)3953－3325(営業部)
URL　http://www.zeikei.co.jp/
乱丁・落丁の場合はお取替えいたします。

ISBN978－4－419－05436－6　C3034